NEW YORK
Breakfast

DIE BESTEN FRÜHSTÜCKSREZEPTE AUS
DER STADT, DIE NIEMALS SCHLÄFT

ISABELL HESSMANN • MARIA BRINKOP

NEW YORK

Breakfast

DIE BESTEN FRÜHSTÜCKSREZEPTE AUS DER STADT, DIE NIEMALS SCHLÄFT

CHRISTIAN

GALERIÉ DE CAFÉ
Specialty Coffee

STOP

BREAKFAST
Kenmare St
Cleveland
ONE WAY
the CORNER
La Esquina
114 Kenmare
the CORNER DELI
est. 1932
TACOS

INHALT

GOOD MORNING NEW YORK-FANS!

Isabell Heßmann
Autorin

New York gilt zwar als die Stadt, die niemals schläft, aber ein gutes Frühstück gehört hier unbedingt dazu. New York pulsiert, New York vibriert, in New York ist jederzeit alles möglich. Da sollte man schon zu Beginn des Tages etwas Gutes im Magen haben, um auf alle Eventualitäten vorbereitet zu sein.

BIG BREAKFAST IM BIG APPLE

Die 8,5-Millionen-Einwohner-Stadt am Hudson River ist wahrscheinlich DIE Frühstücks-Metropole schlechthin. »Eat diamonds for breakfast and shine all day«, hört man häufig in den Streets und Avenues. Und das wird auch so gelebt. Die New Yorker lieben es, die erste Mahlzeit des Tages ausgiebig und gemütlich mit Freunden im Café zu begehen. »Mehr ist mehr«, ist dann eindeutig das Motto. Von fluffigen Buttermilk-Pancakes über knusprige Waffeln bis hin zu Klassikern wie Eggs Benedict ist alles dabei. Auch ein Stück New York Cheesecake findet noch ein Plätzchen im Magen. Solch ein XXL-Frühstück darf sich dann auch gern mal bis in den frühen Nachmittag hinziehen. Wer braucht da noch ein Mittagessen?
Wenn die Zeit für einen Besuch im Lokal nicht reicht, wird auf dem Weg zu den Arbeitsstätten gefrühstückt, ob es nun an die Wallstreet oder den Broadway geht. An jeder Ecke gibt es leckere Auf-die-Hand-Snacks, die sich in der U-Bahn, im Yellow Cab oder sogar im Gehen verspeisen lassen. Favoriten sind saftig belegte Sandwiches und Bagels. Zum Beispiel mit Pastrami, Spiegelei und/oder Räucherlachs – yummy! Aber auch Energy Balls sind superbeliebt. Die kleinen Power-Kugeln liefern auf minimalem Raum maximal viel Energie und lassen sich mühelos nachwerfen, wenn neue Energie gefragt ist. In New York immer eine gute Idee!

DER FRÜHSTÜCKS-BOOM

Der Mega-Frühstückstrend schwappt derzeit auch über den großen Teich nach Europa und Deutschland. Frühstücken boomt also auch hierzulande. Sich Zeit zu nehmen für die wichtigste Mahlzeit des Tages, sie regelrecht zu zelebrieren. Das Angebot geht mittlerweile zum Glück weit über das klassische kontinentale Frühstück mit Brötchen und Marmelade hinaus. Individualität, casual Style und internationaler Flair sind auch bei uns mehr und mehr gefragt. Lassen Sie sich mitreißen!

Enjoy your breakfast!

Ihre Isabell Heßmann

EINLEITUNG

BREAKFAST MELTING POT NEW YORK

Wer Abwechslung beim Frühstück liebt, ist in New York goldrichtig. Hier kommen Einflüsse aus den Küchen der ganzen Welt zusammen und verbinden sich zu etwas ganz Eigenem.

New York ist einzigartig. Einzigartig vielfältig und multikulturell. Dies spürt man in allen Bereichen des Lebens – kulturell, in der Sprache, in der Mode und natürlich auch im Essen. In New York leben Einwanderer aus sage und schreibe 148 Ländern. Und sie alle brachten ein Stück ihrer alten Heimat mit nach New York und formten so das weltoffene, bunte Gesicht dieser faszinierenden Metropole.

Schon nach der Entdeckung Amerikas 1492 durch Christoph Kolumbus kamen die ersten Einwanderer in die USA, vor allem aus Spanien, Frankreich und England. New York war zu Beginn seiner Geschichte übrigens im Besitz der Niederländer. Für Schmuck im Wert von läppischen 60 Gulden kauften die Niederländer den Indianern das Land ab und nannten es »New Amsterdam«. Kurz darauf fiel das Gebiet an die Engländer, die es dem Herzog von York zu Ehren »New York« nannten.

Ereignisse wie die Große Hungersnot in Irland, der kalifornische Goldrausch, der Amerikanische Bürgerkrieg, Pogrome gegen Juden in Russland und der Erste Weltkrieg lösten regelrechte Immigrationswellen aus. Manche suchten das große Glück in der Ferne, die meisten wollten mit der Flucht nach Amerika aber vor allem ihr Leben retten.

GERICHTE MIT GESCHICHTE

Viele Einwanderer kamen mit wenig oder gar keinem Gepäck in die neue Welt, wohl aber mit den vertrauten und geliebten Rezepten ihrer Heimat. Sie halfen ihnen, im fremden Land Fuß zu fassen. Und sie entwickelten sie dort weiter. Ein gutes Beispiel ist Pastrami, das geräucherte, gewürzte koschere Rindfleisch. Pastrami gelangte im 19. Jahrhundert aus der rumänischen und jüdischen Küche nach New York. Der litauische Migrant Sussman Volk kam auf die Idee, das Fleisch in hauchdünnen Scheiben als Sandwich-Belag einzusetzen und verkaufte die belegten Brote erstmals 1887 in seinem Diner auf der Delancey Street – mit großem Erfolg. Heute ist das Pastrami-Sandwich ein Kult-Gericht in New York, das auch in diesem Buch nicht fehlen darf (siehe Seite 30).

Auch ein anderer New-York-Klassiker, der cremig-gehaltvolle Cheesecake, hat seine Wurzeln in Europa. Die Basis war nämlich der gute alte deutsche Käsekuchen, der in New York schon im 19. Jahrhundert in den deutsch-jüdischen Delikatessenläden (»Delis«) angeboten wurde. Da aber Quark als Zutat fehlte, verwendete man notgedrungen

Hüttenkäse, war mit dem Ergebnis aber nicht hundertprozentig zufrieden. Eine cremige Zutat fehlte für den perfekten Schmelz. Die konnte der New Yorker Milchhändler William A. Lawrence beisteuern – wenn die Geschichte auch zunächst mit einem Missgeschick begann. Lawrence besaß eine Käserei und wollte eigentlich den französischen Käseklassiker Neufchâtel produzieren. Aus Versehen gab er jedoch viel zu viel Sahne hinzu. Er verkostete die Mischung und war begeistert: Einen so herrlich cremigen Käse hatte er noch nie gegessen. Er nannte seine Spezialität zunächst »Cream Cheese« und später »Philadelphia Cream Cheese«, da Philadelphia zu der Zeit als Inbegriff von Sauberkeit und Natürlichkeit galt. Und dieser Frischkäse entpuppte sich schließlich auch als perfekte Zutat, um aus dem etwas drögen Hüttenkäse-Käsekuchen den superschmatzigen New York Cheesecake werden zu lassen. Welch glückliche Fügung! Ein himmlisches Rezept für den Kult-Kuchen gibt es in diesem Buch auf Seite 160.

Eggs Benedict, die gehaltvolle Kombination von pochiertem Ei, Bacon, Brot und holländischer Sauce, ist auch eine internationale Best-of-Kreation und wurde der Legende nach erstmals 1894 im noblen New Yorker Waldorf-Astoria-Hotel dem Börsenmakler Lemuel Benedict als deftiges Katerfrühstück serviert.

DER GESCHMACK DER GANZEN WELT IN EINER STADT

Die Einwanderer prägten den Geschmack New Yorks und die Namen ganzer Viertel. Die Italiener brachten Pizza, die Mexikaner pikante grüne Chili-Pfeffer-Saucen und feurige Eintöpfe, die Japaner Sushi und die Österreicher Strudel. Ein New York ohne China Town und Korea Town, ohne Little Italy, das East Village mit Little Ukraine, ohne seine ikonischen jüdischen Feinkostgeschäfte – undenkbar!

New York schmeckt einfach international. Hier liebt und schätzt man gutes Essen und ist experimentierfreudig. Hier trifft Klassisches auf Trendiges. Hier mischt sich traditionell amerikanisches Gebäck mit Kuchen verschiedener Kulturen aus der ganzen Welt. So bekommt die jüdische Babka mit einer pfeffrigen Erdbeer-Marmelade ein scharfes Upgrade verpasst (siehe Seite 60). New York ist bekannt für seinen Mut zu neuen Kreationen. Ein weiteres Beispiel: der Cronut – ein Hybrid aus saftigem Doughnut und knusprigem Croissant. Gewälzt in süßem Basilikum-Zucker ist er eine kulinarische Offenbarung (siehe Seite 154).

Es gibt also viel zu entdecken im kulinarischen Melting Pot. Die Reise lohnt sich, denn die beste Art New York zu erkennen, ist, es sich auf der Zunge zergehen zu lassen.

DAS WHO'S WHO DER WICHTIGSTEN ZUTATEN

Es gibt ein paar Zutaten, die in New Yorker Rezepten immer wieder auftauchen. Sei es beim Frühstück oder auch bei anderen Mahlzeiten und beim Backen. Hier ein kleiner Überblick, was im Vorrats- bzw. Kühlschrank vorrätig sein sollte.

AVOCADO

Die grüne Frucht ist eine Lieblingszutat der New Yorker Foodies. Herrlich cremig und leicht nussig im Geschmack. Avocados sind kulinarisch erstaunlich anpassungsfähig und harmonieren sowohl zu herzhaften wie süßen Gerichten. Smoothies geben sie einen samtigen Schmelz. Die Avocado ist zwar sehr fettig, liefert jedoch höchst gesunde Fette wie Lecithin und einfach ungesättigte Fettsäuren. Zudem macht sie gute Laune und mindert Stress – also wirklich ideal für alle großstadtgeplagten Nervenkostüme.

BACON

Speck ist fester Bestandteil eines herzhaften New Yorker Frühstücks und der beste Freund des Eis. Ein saftiges Rührei lechzt förmlich nach knusprigen Speckstreifen und auch zu Eggs Benedict gehören sie unbedingt dazu. Bei uns in Deutschland bekommt man Bacon hauptsächlich in längliche Scheiben geschnitten. In den USA gibt's auch runde Baconscheiben (z. B. als Canadian Bacon bezeichnet), die perfekt auf runde Brötchen oder English Muffins passen.

CHOCOLATE CHUNKS

Die großen Schokostückchen werden gern als Zutat für Muffins, Cookies und Scones verwendet. Sie haben extra viel Biss und schmelzen beim Backen nicht, sodass die Schokostückchen auch im fertigen Gebäck noch schön zu sehen sind. Es gibt sie in den Varianten Zartbitter, Vollmilch und weiße Schokolade in gut sortierten Supermärkten, Backshops oder im Internet.

CREAM CHEESE

Der sahnige Frischkäse ist eine original amerikanische Erfindung (siehe Seite 10/11) und Zutat in vielen großartigen Frühstücksgerichten. Rugelach-Hörnchen werden dank Frischkäse im Teig schön saftig und weich und der New York Cheesecake besteht fast nur aus dem gehaltvollen Gaumenschmeichler. Auch für Blintzes, die dünnen Pfannkuchen aus Osteuropa, ist Cream Cheese alternativ zu Ricotta eine beliebte Füllung.

EGGS

Sehr viele New Yorker Frühstücksrezepte basieren auf Eiern: Eggs Benedict, Huevos Rancheros, Omeletts, Frittatas, Scrambled Eggs, Eggs sunny-side up oder Fried Eggs. Eier sind besonders vielseitig, zudem sehr gesund (viele Proteine, Mineralstoffe und Vitamine) und in der Regel easy zuzubereiten. Zudem sind Eier eine essenzielle Zutat für Pancakes, Waffeln und Co. Ohne Eier geht zum Frühstück also gar nix.

OATMEAL

Spätestens seit der Renaissance von Bircher Muesli und Porridge sind Haferflocken wieder in aller Munde. Sie sind aber auch unfassbar vielseitig – für Superbowls, zum Backen von Cookies und Kuchen und für gesunde Desserts. Haferflocken sind echtes Superfood – so viel Gutes steckt da drin. Sie versorgen den Körper mit komplexen Kohlenhydraten und bestem pflanzlichem Eiweiß und sind daher ideale Energielieferanten, die für maximale Power sorgen. Kein Wunder also, dass es unweit der New York University sogar ein auf Haferflocken spezialisiertes Restaurant gibt (oatmealsny.com).

PEANUT BUTTER

Ob creamy (cremig) oder crunchy (mit Stückchen) – Erdnussbutter ist ein Grundnahrungsmittel in NY und den ganzen United States. Und das schon seit dem Zweiten Weltkrieg. Peanut Butter war günstig zu haben und sehr reich an Eiweiß. Am beliebtesten ist das Peanut Butter and Jelly Sandwich (häufig abgekürzt mit PBJ): zwei Scheiben Brot und dazwischen viel Erdnussbutter und (Erdbeer-)Marmelade. Aber auch als Backzutat oder als Basis von Energy Balls (siehe Seite 26) oder Puffed Rice Bars (siehe Seite 146) taugt die sämige Paste hervorragend.

BANANAS

In New York liebt man es, Teige und Cremes auf Basis von zerdrückten Bananen zuzubereiten. Kein Wunder, denn Bananen sind cremig, schmecken aromatisch und sparen fettreiche Zutaten wie Sahne oder Butter. Das Banana Bread ist ein absoluter Frühstücksfavorit – süß, sättigend und richtig schmatzig. Das erste dokumentierte Rezept findet sich bereits in einem US-Backbuch aus dem Jahr 1933. Aus Bananen lassen sich aber auch softe Cookies und fluffiger Banana Pudding zubereiten. Letzterer ist übrigens Kult in der aus »Sex and the City« bekannten Magnolia Bakery.

KAFFEEKULT IN NEW YORK

Guten Morgen New York! Wie könnte man in der Stadt unserer Träume schöner aufwachen als mit dem Duft frisch aufgebrühten Kaffees in der Nase?

Der Morgen beginnt für die meisten New Yorker mit einem guten Kaffee; meist stark und schwarz. Manchmal in der schnellen Variante als Coffee to go, manchmal mit viel Zeit und Muße im Café genossen. Da trifft es sich gut, dass man in den meisten New Yorker Restaurants so viel frisch aufgebrühten Filterkaffee bekommt wie man möchte. Bottomless cup (Tasse ohne Boden) nennt sich diese Tradition und sie mag auch ein Grund dafür sein, dass New York den Beinamen »die Stadt, die niemals schläft« trägt. Bei so viel Koffein intus … und weil durch New Yorks Adern Kaffee fließt, finden sich in diesem Buch immer wieder originelle Kaffeesprüche – mal witzig, mal frech, aber immer inspirierend. Die Kaffee-Experten in den Coffeeshops, die Baristas, zelebrieren die Kaffee-Zubereitung mit Leidenschaft, Liebe und jeder Menge Fachwissen. Bohnen rösten, Bohnen mahlen, Bohnen ins Sieb drücken. Zisch, dampf und langsam rinnt der Kaffee wohlduftend in die Tasse. Tropf, tropf, tropf. Allein das Zusehen ist ein sinnliches Erlebnis. New Yorker Baristas waren es auch, die das leicht angestaubte Filterkaffee-Image wieder auf Hochglanz polierten. Und wenn man Glück hat, verraten sie einem, wie man daheim den perfekten Kaffee zubereiten kann.

DER PERFEKTE FILTERKAFFEE – STEP BY STEP

Back to the roots: Per Hand aufgebrühter Kaffee ist voll im Trend und gelingt mit dieser Anleitung auch Filter-Neulingen:

1 Die Bohnen können noch so gut sein, wenn das Wasser sauer oder nach Chlor schmeckt, wird auch der Kaffee nichts. Deshalb ist gefiltertes Wasser die ideale Grundlage. Zunächst also reichlich gefiltertes Wasser zum Kochen bringen. Inzwischen die Filtertüte entlang des Falzes einmal knicken, das Papier öffnen und in den Filter – am besten aus Porzellan oder Glas – geben. Diesen auf eine Tasse oder Kanne setzen. Das Filterpapier mit dem kochenden Wasser ausspülen, damit sich der Papiergeschmack verliert. Außerdem heizen sich so Filter und Tasse oder Kanne auf.

2 Nun die Kaffeebohnen mahlen. Faustregel: Auf 1 Liter Kaffee kommen 60 Gramm Kaffeebohnen. Der Kaffee sollte so fein gemahlen werden, dass er wie Pulver aussieht, aber noch Körnchen zu spüren sind, wenn man ihn zwischen den Fingern reibt.

3 Entsprechende Menge Kaffeepulver in die Filtertüte geben und mit etwa 75 Milliliter 95–98 °C heißem Wasser langsam, in kreisenden Bewegungen überbrühen. Etwa eine halbe Minute warten, damit die aus dem Pulver entweichenden Gase aufsteigen können. Kaffee-Kenner bezeichnen diesen Vorgang als blooming. Dann langsam das restliche Wasser in kreisenden Bewegungen aufgießen und den Wasserstand konstant auf einer Höhe halten, bis die gewünschte Menge erreicht ist. Dabei im Filter nicht umrühren. Enjoy!

KALT STATT HEISS – COLD BREW COFFEE

Denkt man an Kaffee, hat man meist eine dampfende Tasse des aromatischen Getränks vor Augen. Seit einigen Jahren ist jedoch Cold Brew Coffee eine absolute Must-drink-Kaffeevariante. Er wird kalt gebrüht, also mit kaltem Wasser aufgegossen. Das hat den Vorteil, dass die Kaffeebohne weniger Bitterstoffe freisetzt und säureärmer ist. Der Kaffee schmeckt wunderbar mild und weich und ist in der Regel auch bekömmlicher und magenschonender.

Auch Cold Brew Coffee lässt sich mühelos zu Hause zubereiten. Man braucht nur ein wenig Geduld. Zunächst 100 Gramm Kaffeebohnen frisch mahlen. Am besten recht grob. Den gemahlenen Kaffee in ein Gefäß füllen, dann 800–1000 Milliliter kaltes Wasser zugeben und gut umrühren. Mit Frischhaltefolie abdecken und mindestens 12 Stunden bei Raumtemperatur ziehen lassen.

Nun den kalt extrahierten Kaffee filtern. Das war's schon! Der entstandene Cold Brew Kaffee ist ein Konzentrat. Man kann ihn pur genießen oder mit Wasser oder Milch verlängern. Besonders stilvoll serviert man Cold Brew Coffee mit einigen Eiswürfeln in einem Whiskeyglas. Nach Geschmack etwas Milch zugeben.

DIE NEUESTEN KAFFEE-COUPS

Auf diese Idee konnte wirklich nur ein New Yorker Barista kommen: mit Cannabis versetzte Kaffeegetränke. Klingt strange, gibt es aber wirklich und ist nebenbei bemerkt auch völlig legal. Cappuccino, Latte macchiato und Co. werden mit einem speziellen Kaffee zubereitet, der mit dem Wirkstoff Cannbidiol (CBD) versetzt ist. Dieser Bestandteil der Hanfpflanze hat keine Rauschwirkung, soll aber beruhigend, entkrampfend und belebend wirken.

Und wer optisch neue Wege gehen will, kann einen Clear Coffee probieren. Kaffee so glasklar wie Wasser. Geschmacklich ähnelt er Cold Brew Coffee. Sein Vorteil: Clear Coffee soll im Gegensatz zum braunen Pendant die Zähne nicht dunkel verfärben. Der Kaffee-Kreativität sind also keine Grenzen gesetzt. Für jeden ist etwas Passendes dabei.

With enough coffee anything is possible

BREAKFAST AT TIFFANY'S

Vor fast 60 Jahren flanierte Audrey Hepburn alias Holly Golightly im Film **»Frühstück bei Tiffany«** mit einem Coffee to go bei New Yorks Edeljuwelier Nummer eins vorbei. Auch eine Art in der Stadt der Träume zu frühstücken. Die Anfangsszene von »Frühstück bei Tiffany« ist legendär: New York im Morgengrauen, ein Yellow Cab fährt die Fifth Avenue entlang. Die Straße ist noch menschenleer. Das Taxi hält vor einer der feinsten Adressen der Stadt, dem Edeljuwelier Tiffany. Audrey Hepburn alias Holly Golightly entsteigt dem Wagen top gestylt im Ausgeh-Outfit der letzten Nacht, ein schwarzes Givenchy-Dress, üppige Perlenkette und dunkle Sonnenbrille. Sie steuert auf die Schaufenster zu und holt eine Papiertüte mit ihrem Frühstück hervor. Während sie die wertvollen Preziosen in den Auslagen bewundert, knabbert sie an einem Croissant und nippt an ihrem Becher Coffee to go. Im Hintergrund läuft »Moon River«. Ein echter Gänsehautmoment. Und obwohl kein Wort gesprochen wird, sagt diese Szene so viel aus.

New York ist die Stadt der Träume. Für so viele. Damals wie heute. Auch für Holly Golightly. Die teuren Geschmeide sind für sie unerschwinglich, aber träumen kostet nichts. Sie sehnt sich nach einem besseren Leben für sich und ihren Bruder, nach einem wohlhabenden Mann an ihrer Seite, der sie verwöhnt und der ihr teure Ohrringe schenkt *(»You could always tell what kind of a person a man thinks you are by the earrings he gives you. I must say, the mind reels.«)*. Und solange dieser nicht in Sicht ist, schaut sie, wann immer es ihr schlecht geht, bei Tiffany vorbei. Einmal durch die verheißungsvoll goldene Drehtür in die glitzernde Diamantenwelt katapultiert, bleiben die Probleme einfach draußen. Tiffany ist der Sehnsuchtsort, an dem sie sich sofort besser fühlt. Der Film ist schon fast 60 Jahre alt, und doch strahlt Tiffany noch heute diesen Zauber und eine ungeheure Anziehungskraft aus. Ein Besuch bei Tiffany steht besonders bei vielen Frauen ganz oben auf der To-do-Liste beim New-York-Besuch. Viele Fans des Films träumen davon, auch mal bei Tiffany zu frühstücken. Was seit Kurzem sogar möglich ist. Und das nicht nur draußen im Stehen vor den Schaufenstern, sondern drinnen, in einem Traum in Türkis. Im Herbst 2017 hat im vierten Stock des New Yorker Flagshipstores tatsächlich ein Tiffany-Café, das The Blue Box Café, eröffnet. Hier können sich Besucher für 29 Euro ein stilechtes Frühstück schmecken lassen. Ganz in der Tradition von Audrey Hepburn dürfen Croissants und Kaffee natürlich nicht fehlen. Aber auch Obst, Rührei mit gehobeltem Trüffel, Avocado-Toast und Lachs-Bagels stehen zur Auswahl. Im The Blue Box Café fühlt man sich tatsächlich wie im Inneren einer der berühmten türkisfarbenen Tiffany-Schachteln, die Frauenherzen höher schlagen lassen. Die Wände, die Bezüge der Bänke und Stühle, das Geschirr – alles leuchtet in »Robin's Egg«-Blau (nach den Eiern der Wanderdrossel). Es gibt gerade einmal 40 heiß begehrte Plätze, die nicht einfach zu ergattern sind, dafür aber einen wunderbaren Blick auf die Fifth Avenue und das unbezahlbare Gefühl, zum illustren Tiffany-Inner-Circle zu gehören, gewähren.

Ob Sie nun bei Tiffany frühstücken oder in einem der anderen wunderbaren Cafés in New York: *Genießen und träumen gehören in jedem Fall unbedingt dazu.*

TIME
ARE
NYC
Prudential
Allianz
Avenue Q
CHICAGO
Bloomberg
CURRENCIES
give it back
By George, we did it.
WalkingDeadChopShop.com
THE BIGGEST
NBA2K14
REIGN
HEAT
AVAILABLE ON PLAYSTATION®3
Reese's
tkts

*Zuerst auf der High Line entlangflanieren und sich dann an den langen Tresen mit Kupferoberfläche im »**Bubby's**« setzen & Kaffee satt genießen.*

BUBBY'S BAR & RESTAURANT

High Line & Tribeca

Das **Bubby's** ist Bar und Restaurant; so wie man es in New York oft findet. Es gibt zwei Filialen, einmal im Stadtteil Tribeca (»Triangle Below Canal Street«) und zum anderen direkt an der High Line gelegen. Dies ist eine stillgelegte Hochbahntrasse, die zum Park umfunktioniert wurde. Ein echtes Must-see für alle New York Besucher! Am besten zuerst die zweieinhalb grünen und blühenden Kilometer auf der High Line entlangflanieren und sich dann an den langen Tresen mit Kupferoberfläche im **Bubby's** setzen und Kaffee satt (bottomless cup) genießen. Frühstück gibt's immer von acht bis elf Uhr. *Mein Favorit:* das Fried Chicken. Innen saftig, außen kross – so wie es sein soll. ▶ *bubbys.com*

Hier gibt's die heißgeliebten Klassiker in großen, satt machenden Portionen. Hungrig geht hier wirklich niemand nach Hause.

CLINTON ST. BAKING COMPANY & RESTAURANT

Lower East Side

In einem schönen alten Backstein-Wohnhaus gelegen und mit großen Fenstern ausgestattet, ist das **Clinton St. Baking Company & Restaurant** schon optisch ein Genuss. Zum Frühstück kann man es hier ordentlich krachen lassen: Eggs Benedict, Huevos Rancheros, Pancakes with warm Maple Butter – hier gibt's die ganzen heißgeliebten Klassiker in großen, satt machenden Portionen. Hungrig geht hier wirklich niemand nach Hause. Der Laden brummt, daher muss man manchmal ein bisschen Wartezeit auf einen Tisch mitbringen. Aber das lohnt sich garantiert! Wer nicht warten mag: Auch home delivery und take out sind möglich. ▶ *clintonstreetbaking.com*

CLINTON ST. BAKING CO.
&RESTAURANT
E Houston
ONE WAY
Money Centers

BREAKFAST
TO GO

Healthy ENERGY BALLS

Energy Balls liefern auf kleinstem Raum maximal viele Nährstoffe. Perfekt für alle, die morgens nur einen Happen frühstücken können oder wollen. Und ideal natürlich für alle rastlosen New Yorker auf dem Sprung.

ZUTATEN

Für jeweils 20 Stück

FÜR DIE ALMOND RICE BALLS
50 g Mandelkerne mit Haut
50 g Reiswaffeln
50 g Soft-Kirschen
230 g Mandelmus

FÜR DIE PEANUT CHOCOLATE BALLS
50 g Zartbitterschokolade
80 g geröstete, gesalzene Erdnusskerne
200 g Soft-Datteln
2 EL Raw-Kakaopulver
1 EL Chiasamen
40 g Erdnussbutter

ALMOND RICE BALLS

1 Für die Rice Balls die Mandelkerne in der Küchenmaschine oder im Blitzhacker zerkleinern. Alternativ mit einem großen Messer fein hacken. In eine Schüssel geben.

2 Die Reiswaffeln in der Küchenmaschine oder im Blitzhacker zu Körnern zerkleinern. Alternativ in einen Gefrierbeutel geben, verschließen und mit dem Nudelholz zerkrümeln.

3 Die Soft-Kirschen fein hacken. Zerkleinerte Reiswaffeln, Kirschen und Mandelmus in der Schüssel verrühren. Mit angefeuchteten Händen etwa 20 walnussgroße Kugeln formen. Ist die Masse zu trocken, noch etwas Mandelmus zufügen. Kugeln in den gehackten Mandeln wälzen und etwa 1 Stunde kalt stellen.

PEANUT CHOCOLATE BALLS

1 Für die Chocolate Balls die Schokolade mit den Erdnüssen in der Küchenmaschine grob hacken und in eine Schüssel geben. Datteln, Kakaopulver, Chiasamen und Erdnussbutter in der Küchenmaschine mit der Pulse-Funktion so lange mixen, bis alles gut vermengt ist.

2 Mit der Schokolade und den Erdnüssen in der Schüssel gut mischen. Mit angefeuchteten Händen etwa 20 walnussgroße Kugeln formen und etwa 1 Stunde kalt stellen.

Sweet & salty FRENCH TOAST

Brot vom Vortag schmeckt nicht? French Toast ist die Lösung – göttlich goldbraun und kross-knusprig. Klar, dass diese Köstlichkeit auf allen Speisekarten der besten NY-Cafés zu finden ist. Unser Geheimnis: die süß-salzige Füllung!

ZUTATEN

Für 4 Portionen

200 g Erdbeeren
250 g Doppelrahm-Frischkäse
1 Pck. Bourbon-Vanillezucker
2 EL flüssiger Honig
8 große Scheiben Weizensauerteigbrot *(z. B. Rezept unten)*, alternativ Vollkorntoastbrot
100 g Putenbrust in hauchdünnen Scheiben
2 Eier *(Größe M)*
60 ml Milch
Öl zum Braten

1 Die Erdbeeren putzen, waschen und in Scheiben schneiden. Den Frischkäse mit Vanillezucker und Honig glatt rühren. Die eine Hälfte der Brotscheiben dicker, die andere dünner damit bestreichen. Die dick bestrichenen Scheiben mit Erdbeeren und Putenbrust belegen, die anderen daraufsetzen.

2 Die Eier mit der Milch verquirlen und die Brote von beiden Seiten kurz darin eintauchen. Das Öl in einer beschichteten Pfanne erhitzen und die Brote etwa 1 Minute von jeder Seite braten. Die French Toasts schmecken warm und kalt.

**SELBST GEMACHTES BROT GEFÄLLIG?
SO GEHT'S:**

1 350 g Mehl Type 550, 250 g Mehl Type 1050, ½ TL Trockenhefe, 1 TL Salz, ½ TL Zucker, 50 g Natursauerteig und 400 ml kaltes Wasser mit den Knethaken des Handrührgerätes zu einem glatten Teig verkneten. Mit Frischhaltefolie abdecken und über Nacht bei Zimmertemperatur gehen lassen.

2 Den Teig auf ein mit Weizengrieß bestreutes Backpapier geben und mithilfe des Papiers zwei- bis dreimal übereinanderfalten. Mit Frischhaltefolie abgedeckt 30 Minuten ruhen lassen. Nochmals formen, mit Grieß bestreuen und mit einem Küchentuch abgedeckt 1½ Stunden gehen lassen. Den Backofen auf 220 °C (Ober- und Unterhitze) vorheizen. Das Brot mit dem Backpapier auf ein Backblech geben und 35 Minuten backen. Auf einem Gitter abkühlen lassen.

TIPP Keine Sorge, wenn der Teig beim Formen auf dem Backpapier weich und etwas widerspenstig ist. Das soll so sein. Das Brot wird beim Backen wunderbar großporig.

Pastrami- SANDWICH

Würziges Pastrami, schmatziger Coleslaw und raffiniertes Dressing – oh ja, unser Rezept kann es mit der berühmten Variante von Katz's Delicatessen locker aufnehmen.

ZUTATEN

Für 4 Portionen

FÜR DIE SANDWICHES

500 g Pastrami am Stück *(siehe Tipp)*
ca. 500 ml Gemüsebrühe
75 g reifer Emmentaler
8 Scheiben Roggentoast oder Roggenbrot

FÜR DEN COLE SLAW

350 g Weißkohl oder Spitzkohl
Meersalz
1 Karotte
1 Apfel *(z. B. Granny Smith)*
4 EL Salatmayonnaise
4 EL Vollmilch-Joghurt
1 TL Sahnemeerrettich *(Glas)*
frisch gemahlener weißer Pfeffer
Zucker

FÜR DAS RUSSIAN DRESSING

3 EL Mayonnaise
2 EL Tomatenketchup
1 EL Mangochutney
1 Spritzer Weißweinessig
1 Spritzer Worcestersauce

1 Den Backofen auf 75 °C (Ober- und Unterhitze) vorheizen. Fleisch in einen kleinen Bräter oder eine Auflaufform setzen und Brühe angießen. Das Fleisch sollte etwa zweifingerhoch in der Brühe stehen. Abgedeckt im vorgeheizten Backofen 40–45 Minuten erwärmen.

2 Inzwischen für den Cole Slaw Weißkohl putzen, waschen und in sehr feine Streifen schneiden oder hobeln. In einer Schüssel mit ¼ TL Salz mischen und kräftig mit den Händen durchkneten, bis der Kohl etwas weicher wird. Karotte schälen, waschen und raspeln. Apfel schälen und ebenfalls raspeln. Beides mit dem Kohl mischen. Mayonnaise, Joghurt und Meerrettich glatt rühren. Mit Salz, Pfeffer und Zucker abschmecken. Dressing mit der Kohlmischung verrühren.

3 Für das Russian Dressing alle Zutaten verrühren. Emmentaler reiben. Brotscheiben toasten und mit Russian Dressing bestreichen. Fleisch aus dem Ofen nehmen, abtropfen lassen und so dünn wie möglich aufschneiden (z.B. mit der Aufschnittmaschine). Hälfte der Brote mit Käse bestreuen und mit Coleslaw belegen. Die Fleischscheiben versetzt gefaltet darauf anrichten. Die übrigen Brotscheiben obenauf legen und leicht andrücken. Sandwiches diagonal halbieren.

TIPP Pastrami wird aus der Rinderbrust oder -schulter hergestellt. Das Fleisch wird zuerst gepökelt, dann geräuchert und zuletzt gekocht. Pastrami gelangte Ende des 19. Jahrhunderts wahrscheinlich aus Rumänien mit den jüdischen Einwanderern nach Amerika. Sie bekommen Pastrami im Delikatessengeschäft oder beim gut sortierten Metzger.

Eggs over easy CHEDDAR SANDWICH

Für ein Sandwich sind von beiden Seiten gebratene Spiegeleier (eggs over easy) besser geeignet als einseitig gebratene (sunny side up). Und der BFF (best friend forever) des Eis – Speck – darf auch nicht fehlen.

ZUTATEN

Für 4 Portionen

12 Scheiben Bacon oder Frühstückspeck
2 TL Butter
4 Eier *(Größe M)*
feines Meersalz
frisch gemahlener schwarzer Pfeffer
1 Baguette
2 große Tomaten
2 EL Salatmayonnaise
1 EL mittelscharfer Senf
1 Spritzer Zitronensaft
4 Scheiben Cheddar

1 Die Baconscheiben nebeneinander in eine kalte beschichtete Pfanne legen und einige Minuten bei mittlerer Temperatur erhitzen. Wenn sich die Scheiben nach oben biegen, den Bacon wenden und auf der anderen Seite braten. Wiederholen, bis der Bacon die gewünschte Knusprigkeit erreicht hat; insgesamt 8–10 Minuten braten. Aus der Pfanne nehmen und auf Küchenpapier abtropfen lassen.

2 In derselben Pfanne die Butter bei mittlerer Temperatur schmelzen. Die Eier vorsichtig über der Pfanne aufschlagen und 2 Minuten braten, mit Salz und Pfeffer bestreuen. Die Eier mit einem Pfannenwender umdrehen und 20–30 Sekunden auf der anderen Seite fertig braten. Herausnehmen.

3 Das Baguette in vier gleich große Stücke schneiden und diese jeweils waagerecht halbieren. Die Tomaten waschen, trocken tupfen und in Scheiben schneiden. Mayonnaise, Senf und Zitronensaft verrühren. Mit Salz und Pfeffer abschmecken. Die unteren Baguettehälften mit der Senf-Mayonnaise bestreichen und Tomatenscheiben, Speck, Spiegeleier und Käse darauf verteilen. Die oberen Baguettehälften daraufsetzen.

In coffee we trust

Quick CINNAMOM ROLLS

Diese ultrasoften Zimtschnecken lassen sich sogar noch schnell morgens zubereiten. Der Trick ist der Ruckzuck-Hefeteig, der dank zusätzlichem Backpulver nicht gehen muss. So bleibt mehr Zeit zum Genießen.

ZUTATEN

Für etwa 16 Stück

FÜR DEN TEIG

250 ml Milch plus mehr zum Bestreichen
½ Würfel Hefe
50 g Zucker
1 Ei *(Größe M)*
100 ml Rapskernöl
500 g Weizenmehl Type 550 plus mehr zum Arbeiten
1 Pck. Backpulver
feines Meersalz

FÜR DIE FÜLLUNG

100 g sehr weiche Butter plus mehr zum Einfetten
50 g brauner Zucker
1 EL gemahlener Zimt
1–2 Prisen gemahlener Kardamom *(nach Belieben)*

1 Die Milch lauwarm erwärmen. Hefe und Zucker darin auflösen. Das Ei und das Öl zur Hefemilch geben. Mehl, Backpulver und Salz mischen und ebenfalls dazugeben. Mit den Knethaken des Handrührgerätes etwa 5 Minuten zu einem geschmeidigen Teig kneten.

2 Den Backofen auf 200 °C (Ober- und Unterhitze) vorheizen. Eine große Auflaufform einfetten. Den Teig auf der bemehlten Arbeitsfläche zu einem Rechteck (etwa 50 x 32 cm) ausrollen und mit der Butter bestreichen. Zucker, Zimt und Kardamom mischen und über die Butter streuen. Den Teig von der langen Seite her aufrollen und in etwa 16 Scheiben schneiden. Die Schnecken in die vorbereitete Auflaufform setzen, mit Milch bestreichen und im vorgeheizten Backofen etwa 20 Minuten backen. Herausnehmen und in einzelne Stücke teilen. Die Schnecken schmecken warm und kalt.

OPINION

Sensational SALMON BAGELS

Es gibt unendlich viele Bagel-Varianten, aber die mit Lachs ist der unangefochtene Liebling der New Yorker Foodies. Perfekt fürs zweite Frühstück, wenn sich so gegen halb elf, elf der kleine Hunger meldet.

ZUTATEN

Für 8 Bagels

FÜR DEN TEIG

1 Pck. Trockenhefe
1½ EL Zucker
500 g Weizenmehl Type 550
feines Meersalz
Öl zum Bestreichen
1–2 EL Sesamsamen zum Bestreuen
1–2 EL Mohnsamen zum Bestreuen

FÜR DEN DILLFRISCHKÄSE

½ Bund Dill
250 g Doppelrahm-Frischkäse
1–2 EL Milch
feines Meersalz
frisch gemahlener schwarzer Pfeffer

ZUM BELEGEN

2 Zwiebeln, abgezogen
400 g Räucherlachs
1–2 TL Kapern *(aus dem Glas)*

1 Die Hefe und den Zucker in 120 ml lauwarmes Wasser rieseln lassen (nicht rühren) und 5 Minuten stehen lassen. Gut umrühren. Mehl, Salz, Hefemischung und 180 ml lauwarmes Wasser in der Küchenmaschine in etwa 5 Minuten zu einem Teig verkneten. Eine Schüssel mit etwas Öl ausstreichen und den Teig hineingeben. Mit einem feuchten Küchentuch abgedeckt an einem warmen Ort etwa 1 Stunde gehen lassen.

2 Den Teig in acht Portionen teilen und zu Kugeln formen. Mit dem Finger ein Loch in die Mitte drücken und ausweiten. Die Bagels auf ein dünn mit Öl bestrichenes Backpapier setzen und mit einem feuchten Küchentuch abgedeckt 10 Minuten gehen lassen.

3 Den Backofen auf 220 °C (Ober- und Unterhitze) vorheizen. In einem Topf reichlich Wasser aufkochen. Die Temperatur reduzieren, bis das Wasser leicht köchelt. Die Bagels mit einem Schaumlöffel hinein-gleiten lassen und 1 Minute pochieren, wenden und 1 weitere Minute garen. Bagels wieder auf das Backpapier setzen. Mit Sesam und Mohn bestreuen, etwa 20 Minuten backen und auskühlen lassen.

4 Für den Frischkäse den Dill waschen, trocken schütteln und fein hacken. Mit Frischkäse und Milch verrühren und mit Salz und Pfeffer abschmecken. Die Zwiebeln in dünne Scheiben schneiden. Die Bagels aufschneiden und die Unterseite mit Frischkäse bestreichen. Mit Zwiebelscheiben und Lachs belegen. Die Kapern darauf verteilen. Obere Bagel-Hälfte daraufsetzen.

Three Ways to RUGELACH

Rugelach sind kleine Hörnchen jüdischen Ursprungs. Typisch ist der Frischkäse im Teig. Er sorgt dafür, dass die Hörnchen locker 2–3 Tage frisch bleiben. Kann man also perfekt vorbacken und morgens mitnehmen.

ZUTATEN

Für etwa 36 Stück

FÜR DEN TEIG

330 g Weizenmehl Type 550
220 g Doppelrahm-Frischkäse
200 g weiche Butter
25 g Zucker
feines Meersalz

FÜR DIE 3 VARIANTEN

4 EL Nussnougatcreme
75 g gemahlene Haselnüsse
30 g Aprikosenkonfitüre ohne Fruchtstücke
25 g Butter
1 EL brauner Zucker
1 EL Mohnsamen

ZUM BESTREICHEN

1 Eigelb
1 EL Milch

1 Die Zutaten für den Teig in der Küchenmaschine oder mit den Knethaken des Handrührgerätes zu einem glatten Teig verkneten. Diesen dritteln, in Frischhaltefolie wickeln und im Kühlschrank mindestens 4 Stunden (oder über Nacht) ruhen lassen.

2 Den Backofen auf 150 °C (Umluft) vorheizen. Zwei Backbleche mit Backpapier belegen. Das erste Teigdrittel rund (etwa 26 cm ø) ausrollen. Gleichmäßig mit Nussnougatcreme bestreichen und in zwölf Tortenstücke teilen. Jeweils von der langen Seite beginnend zu Hörnchen aufrollen. Auf ein vorbereitetes Blech setzen.

3 Die Haselnüsse auf die Arbeitsfläche streuen und das zweite Teigdrittel darauf rund ausrollen, dabei den Teig auch auf der Oberseite mit Haselnüssen bestreuen. Mit Aprikosenkonfitüre bestreichen. Wie oben beschrieben in Tortenstücke teilen, aufrollen und ebenfalls auf ein Blech setzen.

4 Die Butter in einem kleinen Topf schmelzen und Zucker sowie Mohn unterrühren. Das letzte Teigdrittel rund ausrollen und mit der Mohnbutter bestreichen. Wie oben beschrieben in Tortenstücke teilen, aufrollen und ebenfalls auf ein Blech setzen.

5 Das Eigelb mit der Milch verquirlen. Die Nussnougat- und Mohnhörnchen damit bestreichen. Alle Hörnchen in etwa 25 Minuten goldgelb backen. Herausnehmen und auskühlen lassen.

Fruity Yogurt PARFAITS

Im Sommer wird's im Big Apple bis zu 40 °C heiß und drückend schwül. Dann tut ein frisches und fruchtiges Frühstück gut, wie dieses Parfait, welches man wahlweise über Nacht kühlen oder kurz frosten kann.

ZUTATEN

Für jeweils 4 Portionen

FÜR LEMON CURD, BLUEBERRIES AND GRANOLA

400 g Blaubeeren
200 g Lemon Curd
750 g griechischer Joghurt
150 g Granola *(z. B. Rezept S. 114)*

FÜR LIME INFUSED PEACHES, GOJI BERRIES AND PISTACHIOS

4 Pfirsiche
2 unbehandelte Limetten
2 EL flüssiger Honig oder Agavendicksaft
750 g griechischer Joghurt
30 g getrocknete Goji-Beeren
30 g Pistazienkerne

FÜR LEMON CURD, BLUEBERRIES AND GRANOLA

1 Die Blaubeeren verlesen, waschen und gut abtropfen lassen. Die Hälfte des Lemon Curd auf vier Einmachgläschen verteilen. Je die Hälfte der Blaubeeren, des Joghurts und der Granola einschichten. Die restlichen Zutaten ebenso einschichten. Über Nacht im Kühlschrank ziehen oder 1–3 Stunden im Gefrierfach anfrieren lassen.

FÜR LIME INFUSED PEACHES, GOJI BERRIES AND PISTACHIOS

1 Die Haut der Pfirsiche mit einem scharfen Messer über Kreuz einritzen und die Früchte einige Sekunden in kochendes Wasser tauchen. Mit einer Schaumkelle herausheben und in kaltem Wasser abschrecken. Trocken tupfen und die Haut abziehen. Früchte halbieren, entsteinen und in Spalten schneiden.

2 Die Limetten waschen, trocken tupfen und die Schale fein abreiben. Die Limetten halbieren und auspressen. Limettenschale, -saft und Honig oder Agavendicksaft verrühren. Die Pfirsichspalten untermischen und kurz marinieren lassen.

3 Marinierte Pfirsiche, Joghurt und Goji-Beeren in vier Einmachgläschen einschichten. Die Pistazien grob hacken und als oberste Schicht in die Gläschen geben. Über Nacht im Kühlschrank ziehen oder 1–3 Stunden im Gefrierfach anfrieren lassen.

Breakfast Pizza
»HAM & EGGS«

Wie bitte, Pizza zum Frühstück? In NYC ist ja bekanntlich alles möglich. Und tatsächlich ist Pizza dort derzeit das Frühstück der Stunde. In diesem Rezept frühstückstauglich interpretiert mit Schinken und Ei.

ZUTATEN

Für 8 Stück

FÜR DEN TEIG

400 g Weizenmehl Type 1050 plus mehr zum Arbeiten
Meersalz
25 g frische Hefe
3 EL Olivenöl

FÜR DEN BELAG

100 g Baby-Spinat
8 TL Pesto
200 g Gouda, gerieben
16 Scheiben Schinken, hauchdünn geschnitten
Meersalz
frisch gemahlener schwarzer Pfeffer
Olivenöl zum Bestreichen
8 Eigelb

1 Für den Teig das Mehl in eine Schüssel geben und eine Mulde hineindrücken. 1 TL Salz an den Rand streuen. Die Hefe in die Mulde bröckeln und 300 ml lauwarmes Wasser sowie das Olivenöl angießen. Mit den Knethaken des Handrührgerätes oder in der Küchenmaschine etwa 5 Minuten zu einem glatten Teig verkneten. Diesen mit Frischhaltefolie abgedeckt etwa 30 Minuten an einem warmen Ort gehen lassen.

2 Den Backofen auf 200 °C (Umluft) vorheizen. Zwei Backbleche mit Backpapier belegen. Den Teig in acht Portionen teilen und auf der bemehlten Arbeitsfläche jeweils zu einer ovalen Platte (16–18 cm lang) ausrollen, dabei in der Mitte etwas flacher drücken und einen Rand formen. Die Teigböden auf die Bleche geben.

3 Den Spinat putzen, waschen und gut abtropfen lassen. Die Pizzaböden mit Pesto bestreichen und mit Käse bestreuen. Spinat und Schinken darauf verteilen, dabei eine Mulde für das Eigelb frei lassen. Mit Salz und Pfeffer bestreuen und mit Olivenöl bestreichen und im vorgeheizten Backofen etwa 10 Minuten vorbacken.

4 Herausnehmen und jeweils ein Eigelb auf jede Pizza geben. In 4 Minuten fertig backen. Das Eigelb sollte außen fest, innen aber noch flüssig sein. Herausnehmen und warm oder kalt servieren.

Das ***»Black Seed Bagels«*** *ist der breakfast spot to be. Wie der Name vermuten lässt, gibt es hier Bagels in allen Variationen.*

BLACK SEED BAGELS

Nolita

Klein, fein und sehr beliebt! Das **Black Seed Bagels** ist bei den Hipstern der breakfast spot to be. Wie der Name schon vermuten lässt, gibt es hier frische Bagels in allen Variationen. Das Personal versteht das jahrhundertealte Bagel-Handwerk par excellence. Hier wird noch per Hand gerollt und geformt und in einem holzbefeuerten Ofen gebacken. Ganz nach Gusto bekommt man die Bagels unter anderem plain (pur), poppy (mit Mohn), sesame (mit Sesam), rye (aus Roggenmehl) oder multigrain (Mehrkorn). Klassisch gefüllt mit Frischkäse oder Lachs oder fancy mit Smoked Whitefish Salad. ▶ *blackseedbagels.com*

BLACK SEED
LAUNDROMT
168 DRY CLEANING & DROP OFF SERVICE
BAGELS
BLACK • SEED
hand rolled,
wood fired,
always fresh

Virgin
FOREVER21
FOREVER21.COM
REVER21
FOREVER21.COM FOREVER21.COM FOREVER21.COM
PLANET HOLLYWOOD
TIMES SQUARE
CIRCA
SWAROVSKI
SHARED LANE
COMING SOON
PLANET HOLLYWOOD

SPARTACUS
2010
TOSHIBA
TOSHIBA
All-New Sorento
KIA
King of Beers
Budweiser
HAPPY HOLIDAYS
ERNST & YOUNG
THE LION KING
ONLY
ONLY

CAFÉ BALTHAZAR

SoHo

New York meets Paris! Hier trifft ein amerikanisches Frühstückslokal auf eine französische Bäckerei. Das Ambiente ist stilecht französisch und die Auslagen sind so verführerisch, dass man sich kaum entscheiden kann, was es sein soll. Lieber kleine Törtchen, Tartelettes oder doch lieber Macarons? Am besten alles! Sie können die kleinen Leckereien entweder direkt im Lokal vernaschen oder in der Bäckerei kaufen und unterwegs verzehren. Zum petit déjeuner gibt's aber nicht nur französische Spezialitäten, sondern auch Internationales wie Steel cut Irish Oatmeal oder Doughnuts. Wer Lust auf »echtes« Brot mit Kruste hat, ist hier goldrichtig. ▶ *balthazarny.com*

Das Ambiente ist stilecht französisch und die Auslagen sind so verführerisch, dass man sich kaum entscheiden kann.

BRUNCH-TIME

Homemade CLASSIC CHALLAH

Die Challah wird nach jüdischer Tradition am Sabbat gegessen. Der Teig ist wirklich unglaublich geschmeidig und das fertige Brot herrlich soft. So gut, dass es keinen weiteren Belag mehr bräuchte.

ZUTATEN

Für 1 Hefezopf

1 Pck. Trockenhefe
50 g Zucker plus 1 TL zum Fertigstellen
500 g Weizenmehl Type 405 plus mehr zum Arbeiten
1 TL feines Meersalz
3 Eier *(Größe L)*
45 g Olivenöl plus mehr zum Bestreichen

1 Die Trockenhefe in 225 ml lauwarmes Wasser rieseln lassen. 1 TL Zucker zugeben und umrühren. 5–10 Minuten gehen lassen.

2 Das Mehl, den restlichen Zucker und das Salz in einer Schüssel mischen. Eine Mulde hineindrücken. Zwei ganze Eier, ein Eigelb und das Öl in die Mulde geben. Etwas Mehl vom Rand zufügen und vorsichtig die Ei-Öl-Mischung verrühren. Die Hefemischung hinzugießen und mit den Knethaken des Handrührgerätes 8–10 Minuten zu einem geschmeidigen Teig verkneten. Diesen in eine leicht mit Öl ausgestrichene Schüssel geben, mit Frischhaltefolie abdecken und 1½ Stunden an einem warmen Ort gehen lassen.

3 Ein Backblech mit Backpapier belegen. Den Teig auf der bemehlten Arbeitsfläche durchkneten, in sechs Portionen teilen und diese jeweils zu knapp 40 cm langen Rollen formen. Diese auf das vorbereitete Backblech legen und wie auf den Schritt-für-Schritt-Fotos abgebildet zu einem Zopf flechten. Diesen mit einem feuchten Küchentuch bedeckt 1 Stunde gehen lassen.

4 Den Backofen auf 175 °C (Ober- und Unterhitze) vorheizen. Das restliche Eiweiß mit 1 TL Zucker und 1 EL Wasser verquirlen und den Zopf damit bestreichen. Im vorgeheizten Backofen in 25–30 Minuten goldbraun backen und abbkühlen lassen. Lauwarm oder kalt genießen.

TIPP Sie können auch noch Rosinen in den Teig geben und/oder den Zopf mit Mohn und Sesam bestreuen. Reste durch Eiermilch ziehen und zu French Toast backen.

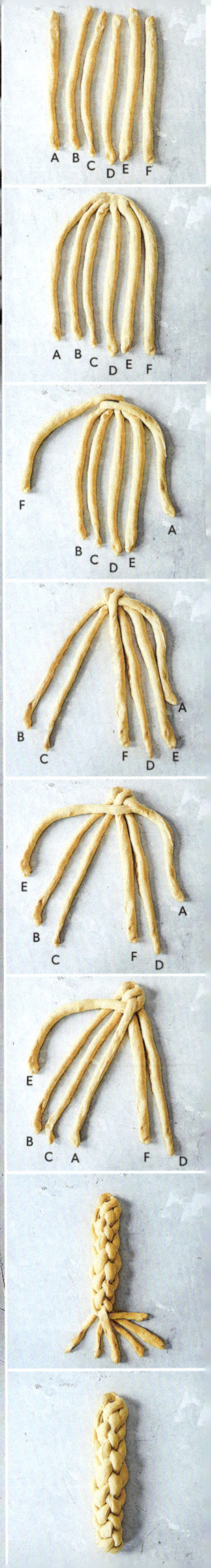

A B C D E F
A B C D E F
F A B C D E
A B C F D E
E A B C F D
E B C A F D

Cherry Chocolate CREAM SCONES

Ein englischer Scone ist meist puristisch, die New Yorker lieben aber fancy add-ins wie Kirschen oder Chocolate Chunks. Und: US-Scones sind deutlich saftiger, weil mehr Butter und – wie in diesem Fall – Sahne im Teig ist.

ZUTATEN

Für etwa 25 Stück

50 g Soft-Kirschen
450 g Weizenmehl Type 405 plus mehr zum Arbeiten
1 TL Backpulver
1 Pck. Natron
feines Meersalz
50 g Zucker
100 g kalte Butter
50 g Zartbitter-Chocolate-Chunks
2 Eier *(Größe M)*
100 g kalte Buttermilch
75 g Konditorsahne *(33–35 % Fett)*

1 Den Backofen auf 200 °C (Ober- und Unterhitze) vorheizen. Ein Backblech mit Backpapier belegen. Die Soft-Kirschen fein hacken. Mehl, Backpulver, Natron, Salz und Zucker in einer Schüssel mischen. Kalte Butter in Stückchen dazugeben und alles mit den Fingern krümelig reiben. Kirschen und Chocolate Chunks unterheben. Eier, Buttermilch und Sahne verquirlen und zu den Streuseln geben. Mit einer Gabel einarbeiten, bis sich gerade eben ein Teig ergibt.

2 Den Teig auf der bemehlten Arbeitsfläche 1 cm dick ausrollen. Mit einem runden Ausstecher mit Wellenrand Kreise (etwa 6 cm ø) ausstechen und auf das vorbereitete Backblech setzen. Den restlichen Teig kurz zusammennehmen, erneut ausrollen und ausstechen, bis der Teig verbraucht ist. Die Scones im vorgeheizten Backofen in etwa 15 Minuten hellgelb backen. Herausnehmen und abkühlen lassen. Schmecken lauwarm und kalt.

Choux à la OREO CREME

Choux stammen ursprünglich aus Frankreich, sind aber in NY der letzte Schrei. Sie sind auch wirklich dreifach gut: luftiger Brandteig mit unnachahmlicher Knusperschicht und Oreocreme drinnen. Yummy!

ZUTATEN

Für etwa 50 Stück

FÜR DIE KNUSPERSCHICHT

80 g brauner Zucker
60 g Butter, in Flöckchen
80 g Weizenmehl Type 405

FÜR DEN BRANDTEIG

250 ml Milch
10 g Zucker
1 Prise feines Meersalz
175 g Butter, in Flöckchen
250 g Weizenmehl Type 405
7 Eier *(Größe M)*

FÜR DIE FÜLLUNG

400 g Mascarpone
50 g Puderzucker
100 g Sahne
75 g Oreo-Kekse
3 Blatt weiße Gelatine, in Wasser eingeweicht

1 Alle Zutaten für die Knusperschicht verkneten und auf Frischhaltefolie geben. Ein zweites Stück Folie darauflegen und dünn ausrollen (etwa 45 x 25 cm). Die obere Folie entfernen und mit einem Ausstecher (3,5 cm ø) etwa 50 Kreise ausstechen. Diese noch nicht herauslösen, sondern die Teigplatte 30 Minuten ins Gefrierfach geben.

2 Für den Brandteig Milch, 250 ml Wasser, Zucker, Salz und Butter in einen Topf geben und unter Rühren aufkochen. Das Mehl mit einem Kochlöffel gründlich unterrühren, bis sich der Teig vom Topfboden löst. Die Eier verquirlen und die Hälfte unter den Teig rühren. Nach und nach den Rest unterrühren.

3 Den Backofen auf 140 °C (Umluft) vorheizen. Zwei Backbleche mit Backpapier belegen. Den Brandteig in einen Spritzbeutel füllen und 50 Tupfen (4 cm ø) auf die Bleche setzen. Die Kreise aus der Teigplatte lösen und je einen daraufsetzen. In 45 Minuten goldbraun backen. Die Ofentür zunächst nur einen Spalt öffnen, dann das Gebäck herausnehmen und auskühlen lassen.

4 Mascarpone, Puderzucker und 30 g Sahne mit den Schneebesen des Handrührgerätes verrühren. Kekse im Blitzhacker zerkleinern und unter die Creme ziehen. Die restliche Sahne in einem Topf erwärmen und die ausgedrückte Gelatine darin auflösen. Etwas Creme hinzufügen, dann die Mischung nach und nach unter die Creme ziehen.

5 In die Unterseite der Windbeutel ein kleines Loch schneiden. Die Creme in einen Spritzbeutel füllen und in die Choux füllen. Mindestens 30 Minuten kalt stellen.

The New York
"All the News
That's Fit to Print"
VOL. CLXVII . . . No. 57,983

Huevos RANCHEROS

Manchmal ist mehr auch wirklich mehr! Das gilt bei diesem mexikanischen Frühstück, das in NY superbeliebt ist, auf jeden Fall. Huevos Rancheros machen den hungrigsten Cowboy satt. Buen provecho!

ZUTATEN

Für 4 Portionen

FÜR DIE SALSA

8 Tomaten
1 große Zwiebel
1 Knoblauchzehe
2 Msp. getrockneter Oregano
1 Prise Zucker
1 Prise Cayennepfeffer
feines Meersalz
etwa 150 ml Gemüsebrühe

FÜR DAS BOHNENMUS

400 g schwarze Bohnen *(aus der Dose; Abtropfgewicht)*
etwa 125 ml heiße Gemüsebrühe
feines Meersalz
frisch gemahlener schwarzer Pfeffer

FÜR DIE TORTILLAS

100 g Maismehl
90 g Weizenmehl Type 405
½ TL Backpulver
Meersalz
3 EL Rapsöl

AUSSERDEM

Olivenöl zum Braten
4 Eier
50 g Emmentaler, gerieben
Korianderblättchen, gehackt

1 Für die Salsa die Tomaten kreuzweise einritzen und in kochendes Wasser tauchen, dann die Haut abziehen. Die Tomaten vierteln, entkernen und würfeln. Die Zwiebel und den Knoblauch abziehen und hacken. Das Olivenöl in einer beschichteten Pfanne erhitzen. Zwiebel und Knoblauch darin anschwitzen. Tomatenstücke, Oregano, Zucker, Cayennepfeffer, Salz und Gemüsebrühe hinzufügen und zugedeckt etwa 10 Minuten köcheln lassen. Die Salsa warm halten.

2 Für das Bohnenmus die Bohnen abgießen, abspülen und abtropfen lassen. Zusammen mit der Gemüsebrühe mit dem Stabmixer pürieren. Bohnenpüree mit Salz und Pfeffer würzen.

3 Für die Tortillas Mais- und Weizenmehl, Backpulver und ½ TL Salz mischen. 100 ml Wasser und das Öl hinzufügen und zu einem Teig verkneten. Diesen in vier Portionen teilen und jeweils zu einem dünnen Fladen (20 cm ø) ausrollen. In einer Pfanne mit etwas Olivenöl bei mittlerer Temperatur 1–2 Minuten auf jeder Seite braten. Die Tortillas zwischen Alufolie legen, damit sie nicht austrocknen.

4 Die Eier in einer Pfanne zu Spiegeleiern braten. Die Tortillas mit Tomatensalsa, Bohnenmus und Spiegeleiern anrichten.
Mit geriebenem Käse und gehacktem Koriander bestreut servieren.

Babka with spicy STRAWBERRY JAM

Die besten Babkas findet man in den jüdischen Bäckereien New Yorks. Und natürlich in der Heimat der Babka – in Mittel- und Osteuropa. Surprise, surprise: Diese Variante hat ein süß-scharfes Innenleben mit pfeffriger Erdbeermarmelade.

ZUTATEN

Für 1 Gugelhupf

FÜR DEN TEIG

200 g Butter, in Stückchen, plus mehr zum Einfetten
200 ml Milch
600 g Weizenmehl Type 405 plus mehr zum Arbeiten
75 g Zucker
feines Meersalz
25 g Hefe
2 Eier (Größe M)

FÜR DIE FÜLLUNG

300 g Erdbeeren *(geputzt gewogen)*
300 g Gelierzucker 1:1
feines Meersalz
frisch gemahlener schwarzer Pfeffer
30 g sehr weiche Butter

FÜR DIE GLASUR

75 g Doppelrahm-Frischkäse
3 EL Puderzucker
1 TL Orangenabrieb
1 TL Orangensaft

AUSSERDEM

Semmelbrösel für die Form

1 Für den Teig Butter und Milch in einem Topf erwärmen. Mehl, Zucker und Salz in einer Schüssel mischen. Eine Mulde hineindrücken und die Hefe in die Mulde bröckeln. Die Butter-Milch-Mischung und die Eier hinzugeben und mit den Knethaken des Handrührgerätes mindestens 5 Minuten zu einem Teig kneten. Mit einem Küchentuch abgedeckt an einem warmen Ort 1 Stunde gehen lassen.

2 Inzwischen für die Füllung die Erdbeeren putzen, waschen und in Stücke schneiden. Mit Gelierzucker und 1 Prise Salz in einem Topf aufkochen, dann 4 Minuten sprudelnd kochen lassen. Die Konfitüre mit Pfeffer abschmecken. Abkühlen lassen.

3 Den Backofen auf 180 °C (Ober- und Unterhitze) vorheizen. Eine Gugelhupfform (24 cm ø) einfetten und mit Semmelbröseln ausstreuen. Den Teig auf der bemehlten Arbeitsfläche 1 cm dick ausrollen (45 x 30 cm). Zunächst mit der weichen Butter, dann mit der Konfitüre bestreichen und wie eine Biskuitrolle einrollen. Diese längs halbieren, beide Stränge umeinanderschlingen und in die vorbereitete Form legen. Im vorgeheizten Backofen 50 Minuten backen. Nach 25 Minuten mit Alufolie abdecken. Herausnehmen und auskühlen lassen. Babka stürzen und wieder umdrehen.

4 Die Zutaten für die Glasur verrühren und über die abgekühlte Babka träufeln.

Classic EGGS BENEDICT

Der Inbegriff des New Yorker Frühstücks! Wenn sich die samtige Sauce hollandaise mit dem weichen Ei und dem knusprigen Speck auf der Zunge trifft, sind kulinarische Höhenflüge garantiert.

ZUTATEN

Für 6 Portionen

FÜR DIE SAUCE HOLLANDAISE

200 g Butter
2 Eigelb *(Größe M)*
3 EL trockener Weißwein
1 EL Zitronensaft
feines Meersalz
frisch gemahlener weißer Pfeffer

FÜR DIE POCHIERTEN EIER

2 EL Weißweinessig
12 Eier

AUSSERDEM

12 runde Baconscheiben
(alternativ normaler Bacon)
12 Scheiben Röstbrot

1 Für die Sauce hollandaise die Butter bei geringer Temperatur in einem Stieltopf zerlassen. Kurz aufkochen und den Schaum abschöpfen. Das Eigelb und den Weißwein in eine Edelstahlschüssel geben und über einem Wasserbad schaumig schlagen. Butter tröpfchenweise unter ständigem Rühren zufügen, bis die Sauce eindickt. Dabei aber nicht zu stark erhitzen. Sauce mit Zitronensaft, Salz und Pfeffer abschmecken.

2 In einem großen Topf 1½–2 l Wasser zum Kochen bringen. Den Herd ausschalten und den Essig zugeben. Mit einem Schneebesen einen Strudel im Wasser erzeugen. Jeweils ein Ei über einer Tasse aufschlagen und in das Wasser gleiten lassen. Mit einer Gabel vorsichtig das Eiweiß um das Eigelb legen. Den Herd wieder einschalten und die Eier bei niedriger Temperatur 2–4 Minuten pochieren (je nachdem, wie weich das Eigelb sein soll). Dann mit einer Schaumkelle herausheben und in warmes Salzwasser legen, so bleiben sie weich.

3 Den Bacon in einer Pfanne bei mittlerer Temperatur auf beiden Seiten knusprig braten. Pochierte Eier mit Sauce hollandaise und Bacon auf das Röstbrot setzen und servieren.

DIPPY EGGS
and Soldiers

Dieses Essen macht einfach Spaß und wird daher auch von den New Yorker Kids sehr geliebt. Hier werden knusprige Brotstäbchen (»soldiers«) in ein weich gekochtes Ei getunkt. Keep it simple!

ZUTATEN

Für 4 Portionen

FÜR DIE EGGS AND SOLDIERS
4 Eier *(Größe M)*
4 Scheiben Brot *(1–1,5 cm dick)*
Olivenöl zum Braten
feines Meersalz

FÜR DEN SALAT
1 Knoblauchzehe
4 reife Tomaten
1 große Avocado
½ Salatgurke
Olivenöl zum Braten
feines Meersalz
frisch gemahlener schwarzer Pfeffer

1 Die Eier in einen Topf mit kaltem Wasser legen, aufkochen und in 2–2 ½ Minuten weich kochen. In kaltem Wasser abschrecken.

2 Das Brot in fingerdicke Streifen schneiden und das Öl in einer Pfanne erhitzen. Die Brotstreifen im heißen Öl von allen Seiten knusprig braten, leicht salzen.

3 Für den Salat den Knoblauch abziehen und durchpressen. Die Tomaten waschen, putzen und in Stücke schneiden. Die Avocado halbieren, entsteinen und aus der Schale heben. Fruchtfleisch in Stücke schneiden. Die Gurke waschen und ebenfalls in Stücke schneiden.

4 Etwas Öl in einer Pfanne erhitzen und den Knoblauch darin glasig anschwitzen. Die Tomaten hinzufügen und etwa 8 Minuten schmoren lassen. Avocado- und Gurkenstücke zugeben und kurz erwärmen. Mit Salz und Pfeffer würzen.

5 Die Eier köpfen und die Brotstäbchen sowie den Salat dazu servieren. Zum Essen die Brotstäbchen ins Eigelb tunken.

Wake up and smell the coffee

BUTTERMILK PANCAKES
with smoky salted Caramel Sauce

In New York gilt ein striktes Rauchverbot, aber im Essen ist ein smoky taste sehr gefragt. Schon mal eine süße Karamellsauce mit rauchig-salzigem Touch probiert? Mouth watering!

ZUTATEN

Für 12–15 Stück

FÜR DIE PANCAKES

80 g Butter
190 g Weizenmehl Type 550
2 TL Backpulver
¼ TL Natron
1 EL Zucker
1 Prise feines Meersalz
220 g Buttermilch
2 Eier *(Größe M)*
Kokosöl zum Braten

FÜR DIE KARAMELLSAUCE

75 g Butter
50 g brauner Zucker
50 g Puderzucker
50 g Zuckerrübensirup
125 g Konditorsahne *(33–35 % Fett)*
1–2 TL dänisches Rauchsalz

1 Für die Pancakes die Butter in einem kleinen Topf bei schwacher Temperatur schmelzen. Mehl, Backpulver, Natron, Zucker und Salz mischen. Geschmolzene Butter, Buttermilch und Eier in einer Schüssel mit den Schneebesen des Handrührgerätes verquirlen. Trockene Zutaten zugeben und kurz verrühren, bis ein glatter Teig entsteht.

2 Etwas Kokosöl in einer großen Pfanne erhitzen und mit einer Schöpfkelle drei bis vier Kleckse hineingeben. Bei mittlerer Temperatur backen, bis die Pancakes unten goldbraun sind und sich oben Blasen bilden (das sollte 2–3 Minuten dauern). Dann wenden und auf der anderen Seite in 30–40 Sekunden fertig backen. Aus dem restlichen Teig ebenso Pancakes backen.

3 Für die Karamellsauce Butter, braunen Zucker, Puderzucker und Zuckerrübensirup in einem Topf unter Rühren aufkochen. Etwa 3 Minuten leise köcheln lassen. Die Sahne unterrühren und mit Rauchsalz abschmecken. Die Karamellsauce zu den Pancakes servieren.

TIPP Variante: Man kann auch kleine Pfannküchlein aus dem Teig backen, die berühmten Silver Dollar Pancakes. Nach Wunsch mit Gruyère und Speck oder mit Sauerrahm und Räucherlachs belegen.

Blueberry CHEESE BLINTZES

Blintzes sind aus der Ukraine über den großen Teich in die USA gelangt und können auf alle erdenklichen Arten süß oder herzhaft gefüllt werden. Die New Yorker sind verrückt nach Ricotta- und Blaubeerfüllung. Zu Recht!

ZUTATEN

Für 4 Portionen

FÜR DEN TEIG

15 g Butter plus mehr zum Braten
3 Eier *(Größe M)*
1 Prise feines Meersalz
100 g Weizenmehl Type 550
320 ml Milch

FÜR DIE RICOTTAFÜLLUNG

250 g Ricotta
50 g Zucker
1 Pck. Bourbon-Vanillezucker
2 Eiweiß
1 EL Speisestärke

FÜR DIE FRUCHTFÜLLUNG

1 EL Butter
250 g Blaubeeren *(TK)*
40 g Zucker
1 EL Speisestärke

1 Für den Teig die Butter in einem kleinen Topf schmelzen und abkühlen lassen. Die Eier und das Salz mit den Schneebesen des Handrührgerätes kurz aufschlagen. Dann Mehl und Milch unterrühren. Die Butter kurz untermischen.

2 Etwas Butter in einer großen Pfanne erhitzen und ein Viertel des Teiges hineingeben. Durch Schwenken verteilen. Die Blintz 3–4 Minuten backen, bis sie sich vom Rand löst und hellbraun wird. Auf einen Teller geben und mit einem feuchten Küchentuch abdecken. Aus dem restlichen Teig drei weitere Blintzes backen und übereinanderstapeln.

3 Für die Ricottafüllung Ricotta, Zucker, Vanillezucker und Eiweiß in einem Topf mit dem Schneebesen verrühren und aufkochen lassen. Die Speisestärke mit etwas kaltem Wasser anrühren, unter Rühren in die Ricottacreme geben und aufkochen lassen, bis die Masse andickt.

4 Für die Fruchtfüllung die Butter in einer Pfanne zerlassen. Die Blaubeeren und den Zucker zugeben, aufkochen und 5 Minuten köcheln lassen. Die Speisestärke mit etwas kaltem Wasser anrühren, unter Rühren zu den Früchten geben und aufkochen lassen, bis die Masse andickt. Ricotta- und Fruchtfüllung jeweils auf eine Hälfte der Blintzes geben und von der belegten Seite zusammenrollen. Halbieren und servieren.

Satisfying SHAKSHUKA

GLUTEN-FREI

Die Spezialität aus der nordafrikanischen und israelischen Küche ist der aktuelle Frühstückssuperlativ in New York. Wärmend, sättigend und supergesund. Shakshuka kann alles.

ZUTATEN

Für 4 Portionen

2 rote Paprikaschoten
1 Zwiebel
1 Knoblauchzehe
2 EL Olivenöl
½ TL Harissa *(scharfe Gewürzpaste)*
1 Dose Kirschtomaten *(400 g)*
½ TL gemahlener Kreuzkümmel
Meersalz
frisch gemahlener schwarzer Pfeffer
4 Eier *(Größe S oder M)*
100 g Labneh *(libanesischer Frischkäse; alternativ Feta)*
6 Zweige glatte Petersilie
Chiliflocken zum Bestreuen

1 Den Backofen auf 220 °C (Grillfunktion) vorheizen. Ein Backblech mit Backpapier belegen. Die Paprika vierteln, putzen, waschen und mit der Hautseite nach oben auf das Blech legen. Im vorgeheizten Backofen auf der obersten Schiene etwa 10 Minuten grillen, bis die Haut schwarze Blasen wirft. Herausnehmen, mit einem feuchten Küchentuch abdecken und abkühlen lassen. Die Haut abziehen und das Fruchtfleisch in Streifen schneiden. Den Backofen auf 175 °C (Ober- und Unterhitze) einstellen.

2 Die Zwiebel und den Knoblauch abziehen. Die Zwiebel in Ringe schneiden, den Knoblauch durchpressen. Das Olivenöl in einer ofenfesten Pfanne erhitzen. Zwiebel und Knoblauch darin glasig anschwitzen und die Harissa zugeben. Mit den Kirschtomaten ablöschen und mit einem Kartoffelstampfer leicht zerdrücken. Die Paprikastreifen hinzufügen. Alles aufkochen und 5–8 Minuten leise einköcheln lassen. Mit Kreuzkümmel, Salz und Pfeffer würzen.

3 Vier Mulden in die Sauce drücken. Die Eier vorsichtig in die Mulden schlagen. Die Pfanne auf einen Rost stellen und im Backofen etwa 10 Minuten backen, bis das Eiweiß fest ist. Nicht rühren. Den Labneh zerzupfen und auf der Shakshuka anrichten. Die Petersilie waschen, trocken schütteln und die Blättchen hacken. Zusammen mit den Chiliflocken über die Shakshuka streuen und servieren. Dazu passt geröstetes Fladenbrot.

Spinach GRUYÈRE QUICHE

Eine Quiche hat den Vorteil, dass sie sowohl warm als auch kalt schmeckt. Perfekt also für einen langen, ausgedehnten Brunch. Wobei es gut sein kann, dass die Quiche ruckzuck aufgegessen ist.

ZUTATEN

Für 1 Quiche

FÜR DEN TEIG

250 g Weizenmehl Type 405 plus mehr zum Arbeiten
125 g kalte Butter, in Flöckchen, plus mehr zum Einfetten
1 Ei *(Größe M)*
feines Meersalz
Hülsenfrüchte zum Blindbacken

FÜR DIE FÜLLUNG

500 g junger Blattspinat
2 Knoblauchzehen
1 Zwiebel
2 EL Butter
feines Meersalz
frisch gemahlener schwarzer Pfeffer
frisch gemahlene Muskatnuss
100 g Kirschtomaten
100 g Gruyère, fein gerieben

FÜR DEN GUSS

100 g Crème fraîche
50 g Sahne
2 Eier *(Größe M)*
feines Meersalz
frisch gemahlener schwarzer Pfeffer
frisch gemahlene Muskatnuss

1 Für den Teig Mehl, Butter, Ei und Salz mit den Knethaken des Handrührgerätes zu Streuseln, dann mit den Händen zu einem glatten Teig verkneten. Diesen zu einer Kugel formen, flach drücken und in Folie gewickelt 1 Stunde kalt stellen.

2 Für die Füllung den Spinat verlesen, waschen und abtropfen lassen. Den Knoblauch und die Zwiebel abziehen und fein hacken. Die Butter in einem großen Topf erhitzen, Spinat portionsweise dazugeben und zugedeckt zusammenfallen lassen. Mit Salz, Pfeffer und Muskat würzen, dann abtropfen lassen. Die Tomaten waschen und halbieren.

3 Backofen auf 200 °C (Ober- und Unterhitze) vorheizen. Eine Tarteform (28 cm ø) einfetten und mit Mehl ausstauben. Den Teig auf der leicht bemehlten Arbeitsfläche rund ausrollen (etwa 32 cm ø), in die vorbereitete Form legen und andrücken. Überstehenden Rand abschneiden. Den Boden mit einer Gabel mehrmals einstechen, Backpapier und getrocknete Hülsenfrüchte daraufgeben und im vorgeheizten Backofen 15 Minuten vorbacken. Herausnehmen und Backpapier mit Hülsenfrüchten entfernen.

4 Alle Zutaten für den Guss verquirlen. Mit Salz, Pfeffer und Muskat würzen. Den Spinat und die Tomaten auf dem vorgebackenen Boden verteilen und den Guss darübergeben. Käse darüberstreuen und in weiteren 25 Minuten fertig backen. Herausnehmen und warm oder kalt servieren.

BAKED EGGS
with Spinach & Prosciutto

Eier in allen Variationen sind ein Must-have auf dem Frühstückstisch und Brunch-Büfett. Es ist einfach immer wieder beeindruckend, wie viele unterschiedliche Leckereien man aus ihnen zaubern kann.

ZUTATEN

Für 6 Portionen

300 g junger Blattspinat
1 EL Butter plus mehr zum Einfetten
1 TL Olivenöl
6 Scheiben roher Schinken *(etwa 80 g)*
175 g Sahne plus mehr zum Beträufeln
feines Meersalz
frisch gemahlener schwarzer Pfeffer
frisch geriebene Muskatnuss
6 Eier *(Größe M)*
25 g Parmesan, gerieben
frisch gemahlene rosa Pfefferbeeren

1 Den Backofen auf 180 °C (Ober- und Unterhitze) vorheizen. Sechs Auflaufförmchen oder Einmachgläschen (140–160 ml) einfetten. Den Spinat verlesen, waschen und abtropfen lassen. Die Butter in einer großen Pfanne erhitzen, den Spinat portionsweise hineingeben und zugedeckt zusammenfallen lassen. In einem Sieb abtropfen lassen und etwas ausdrücken.

2 Das Olivenöl in der Pfanne erhitzen. Den Schinken kleiner zupfen und bei mittlerer Temperatur 1–2 Minuten im Olivenöl anbraten. Spinat und Sahne hinzufügen und aufkochen lassen. 4–5 Minuten köcheln lassen. Mit Salz, Pfeffer und Muskat würzen. Spinat-Schinken- Mischung in die vorbereiteten Förmchen verteilen. Jeweils vorsichtig ein Ei hineinschlagen. Mit wenig Sahne beträufeln. Die Förmchen auf einen Rost stellen und im vorgeheizten Backofen 15–18 Minuten backen. Herausnehmen und mit geriebenem Parmesan und rosa Pfefferbeeren bestreuen. Warm oder kalt servieren.

Coffee on my mind

Alles, was auf der Karte steht, ist hervorragend. Dies ist kein klassischer Touri-Laden, hier verkehren die »echten New Yorker«.

BARNEY GREENGRASS

Upper West Side

»Some things shouldn't change«, sagen sie im **Barney Greengrass**. Und dieses Deli gehört definitiv dazu. Seit 1908 verwöhnt das jüdische Traditionslokal seine Gäste mit Smoked Fish Platters (die geräucherten Fischspezialitäten unbedingt probieren!), Sandwiches, Kaviar und Delikatess-Salaten. Alles was hier auf der Karte steht, ist hervorragend und wird es immer sein. Kein klassischer Touri-Laden, hier verkehren die »echten New Yorker«. Der Filterkaffee schmeckt so gut, dass niemandem moderne Kaffee-Spezialitäten fehlen. Schönes Detail: Man kann sich Picknick-Körbe für einen Ausflug in die Hamptons packen lassen. Manche Dinge sollte man wirklich nie ändern. ▶ *barneygreengrass.com*

THE
GREY
DOG
90 UNIVERSITY PLACE
Japonica

Viele Studenten nehmen sich hier auf dem Sprung zur Uni einen Cold Brew Coffee und ein Granola mit griechischem Joghurt mit.

THE GREY DOG

Greenwich Village

Das **Grey Dog Coffee** gibt es mehrmals in New York. Ich gehe am liebsten in die Filiale direkt beim Campus der New York University. Aufgrund der Lage trifft man hier natürlich viele Studenten, die sich einen Cold Brew Coffee und ein Granola mit griechischem Joghurt, Bananen und Beeren als Snack zur Uni mitnehmen. Wer vor Ort essen möchte, bestellt sein Essen und seine Getränke an der Bar. Während der Wartezeit in der Schlange wirft man einen Blick auf die große Tafel, was das Grey Dog zu bieten hat. Das Challah French Toast ist sehr zu empfehlen, ebenso die Poached Eggs & Avocado Salad. Ein unkompliziertes Café zum Wohlfühlen. ▶ *thegreydog.com*

HEALTHY BREAKFAST

Flourless Black BEAN BROWNIES

GLUTEN-FREI

Brownies – süß, sündig, schokoladig und sooo gesund. Wie bitte? Jawoll, diese Brownies kommen ganz ohne Mehl und raffinierten Zucker aus. Die Basis sind stattdessen pürierte schwarze Bohnen. Das schmeckt – versprochen!

ZUTATEN

Für 25 Stück

FÜR DEN TEIG
150 g Zartbitterschokolade
400 g schwarze Bohnen *(aus der Dose; Abtropfgewicht)*
80 g Soft-Datteln
3 EL Olivenöl
3 Eier *(Größe M)*
2 EL Chiasamen
50 g Raw-Kakaopulver
feines Meersalz

FÜR DAS FROSTING
60 g Zartbitterschokolade
80 g Ahornsirup
60 g Kokosöl
20 g Raw-Kakaopulver

ZUM BESTREUEN
Kakaonibs

1 Den Backofen auf 175 °C (Ober- und Unterhitze) vorheizen. Eine quadratische Springform (24 x 24 cm) mit Backpapier auslegen. Für den Teig die Schokolade grob hacken und über einem Wasserbad schmelzen. Die Bohnen in einem Sieb abgießen, abspülen und abtropfen lassen. Bohnen, Datteln und Olivenöl in der Küchenmaschine fein pürieren. Eier, Chiasamen, Kakaopulver und 1 Prise Salz zugeben und alles zu einem glatten Teig verarbeiten. Die geschmolzene Schokolade hinzugeben und unterrühren.

2 Den Teig in die vorbereitete Form füllen und im vorgeheizten Backofen etwa 30 Minuten backen (Stäbchenprobe). Herausnehmen und etwa 30 Minuten abkühlen lassen.

3 Inzwischen für das Frosting die Schokolade grob hacken und zusammen mit dem Ahornsirup und dem Kokosöl in einem kleinen Topf schmelzen. Kakao und 1 Prise Salz löffelweise dazusieben und einrühren. Das Frosting auf dem Kuchen verstreichen und mit Kakaonibs bestreuen. Mindestens 1 Stunde kalt stellen. Den Kuchen in Brownies schneiden und servieren.

Buckwheat PEAR CRUMBLE

GLUTEN-FREI

Unten die saftig-süßen Früchte, oben knusprig-kernige Streusel. So muss ein guter Crumble sein. Gesundheitsbewusste New Yorker setzen auf diese healthy Variante mit glutenfreien Buchweizenflocken.

ZUTATEN

Für 3 Portionen

FÜR DIE FÜLLUNG
3 reife Birnen
2 EL Zitronensaft
1 EL Ahornsirup
¼ TL Vanilleextrakt

FÜR DIE STREUSEL
60 g Kokosöl
35 g Mandelkerne mit Haut
80 g Buchweizenflocken *(alternativ Haferflocken; siehe Tipp)*
60 g Mandelmehl
1 Prise feines Meersalz
60 g Ahornsirup

AUSSERDEM
Butter zum Einfetten
griechischer Joghurt zum Anrichten *(nach Belieben)*

1 Den Backofen auf 150 °C (Ober-/Unterhitze) vorheizen. Eine Auflaufform mit Butter einfetten. Die Birnen schälen, vierteln, entkernen und in Spalten schneiden. Zitronensaft, Ahornsirup und Vanilleextrakt in einer Schüssel mischen. Die Birnenspalten locker unterheben und alles in der Auflaufform verteilen.

2 Für die Streusel das Kokosöl in einem Töpfchen bei geringer Temperatur schmelzen. Inzwischen die Mandeln grob hacken und Buchweizenflocken, Mandelmehl und Salz in einer Schüssel vermischen. Das Kokosöl und den Ahornsirup hinzugeben und mit einer Gabel verrühren. Zum Schluss die gehackten Mandeln untermischen.

3 Die Streuselmischung über den Birnen verteilen. Den Crumble im vorgeheizten Ofen 30–40 Minuten backen, herausnehmen und nach Wunsch mit griechischem Joghurt servieren.

TIPP

Buchweizen (buckwheat) ist ein Pseudogetreide, also nicht mit dem Weizen verwandt, wie der Name suggerieren könnte. Buchweizen ist glutenfrei und reich an Kalium, Phosphor und B-Vitaminen. Mithilfe einer Flockenpresse gewinnt man aus Buchweizenkörnern Buchweizenflocken. Es gibt sie aber auch fertig zu kaufen.

Oven Berry PORRIDGE

Schon gewusst? Porridge lässt sich auch im Backofen zubereiten. Kein Rühren am Herd also! So kann man in der halben Stunde Backzeit duschen, Frühsport treiben oder noch einen kleinen Powernap machen.

ZUTATEN

Für 4 Portionen

FÜR DEN PORRIDGE
1 unbehandelte Zitrone
150 g zarte Haferflocken
500 ml Milch oder Haferdrink
2 Eier *(Größe L)*
1 TL Backpulver
1 Prise feines Meersalz
200 g gemischte Beeren *(frisch oder TK; z. B. Himbeeren, Blaubeeren und Brombeeren)*

AUSSERDEM
200 g Naturjoghurt *(3,5 % Fett)* zum Anrichten
Butter zum Einfetten

1 Den Backofen auf 200 °C (Ober- und Unterhitze) vorheizen. Eine große Auflaufform einfetten. Die Zitrone heiß waschen, trocken tupfen und die Schale fein abreiben. Die Zitrone halbieren und auspressen. Haferflocken, Milch, Eier, Backpulver, Salz, Zitronenabrieb und Zitronensaft mischen und in die vorbereitete Auflaufform füllen.

2 Die Beeren verlesen, waschen, abtropfen lassen und auf dem Porridge verteilen. Im vorgeheizten Backofen etwa 25 Minuten backen, herausnehmen und mit Joghurt servieren.

TIPP Wer's ein bisschen süßer mag, kann den Porridge noch heiß mit etwas Kokosblütenzucker-Zimt-Mischung bestreuen.

Low Carb Brokkoli GLUTEN-FREI
BREAD SANDWICHES

Viele New Yorker verzichten der schlanken Linie wegen immer mal wieder auf Kohlenhydrate. Zum Glück lässt sich Brot auch low carb zubereiten. Dabei helfen Brokkoli, Mandeln und Eier.

ZUTATEN

Für 4 Portionen

FÜR DIE EINGELEGTEN RADIESCHEN
1 Bund Radieschen
125 ml Reisessig
2 EL Zucker
2 TL Fleur de Sel
1 EL rosa Pfefferbeeren

FÜR DAS BROT
125 g blanchierte Mandelkerne
1 Brokkoli
4 Eier *(Größe M)*
feines Meersalz
frisch gemahlener schwarzer Pfeffer

ZUM BESTREICHEN
250 g Frischkäse

1 Die Radieschen putzen und waschen. Je nach Dicke längs achteln oder vierteln und in ein Schälchen geben. Essig, 125 ml Wasser, Zucker, Fleur de Sel und rosa Pfefferbeeren in einem kleinen Topf aufkochen und rühren, bis sich Zucker und Salz aufgelöst haben. Die Mischung über die Radieschen gießen, bis diese bedeckt sind. Abkühlen lassen und über Nacht im Kühlschrank ziehen lassen.

2 Am nächsten Tag den Backofen auf 175 °C (Ober- und Unterhitze) vorheizen. Ein Backblech mit Backpapier belegen. Für das Brot die Mandeln in der Küchenmaschine fein mahlen (alternativ gemahlene Mandeln verwenden) und beiseitestellen. Den Brokkoli in Röschen teilen, waschen und gut abtropfen lassen. Die Brokkoliröschen in der Küchenmaschine fein zerkleinern.

3 Mandeln, Brokkoli und Eier in eine Schüssel geben und gut vermischen. Mit Salz und Pfeffer würzen. Die Masse etwa 1 cm dick auf das vorbereitete Backblech streichen (etwa 34 x 28 cm). Im vorgeheizten Backofen etwa 30 Minuten backen. Herausnehmen und auskühlen lassen.

4 Das Brot in acht Stücke schneiden und vier davon mit Frischkäse bestreichen. Eingelegte Radieschen abtropfen lassen und darauf verteilen. Die restlichen Brotstücke daraufsetzen.

AVOCADO BEETROOT
Toast with scrambled Eggs

Ist das nicht ein tolles Farbspiel von Violett, Gelb und Grün? Das Auge isst ja bekanntlich mit, insbesondere beim Frühstück. Da kann man mit Knallfarben und vielen Vitaminen die letzte Müdigkeit wegpusten.

ZUTATEN

Für 4 Portionen

FÜR DIE ROTE-BETE-CREME

1 große vorgegarte Rote Bete *(vakuumiert; etwa 150 g)*
150 g Feta
1 TL flüssiger Honig

FÜR DAS RÜHREI

4 Eier *(Größe M)*
4 EL Milch
Meersalz
frisch gemahlener schwarzer Pfeffer
Rapsöl zum Braten

AUSSERDEM

1 Avocado
4 Scheiben Schwarzbrot oder Vollkornbrot
Gartenkresse zum Bestreuen

1 Für die Rote-Bete-Creme die Rote Bete grob in Stücke schneiden, mit Feta, Honig und etwas Rote-Bete-Saft aus der Packung in der Küchenmaschine zu einer Creme pürieren.

2 Für das Rührei die Eier mit der Milch verquirlen und mit Salz und Pfeffer würzen. Das Öl in einer beschichteten Pfanne erhitzen, Eiermasse hineingeben und unter Rühren stocken lassen.

3 Die Avocado halbieren, entsteinen und aus der Schale heben. Das Fruchtfleisch in Spalten schneiden. Die Brotscheiben mit Rote-Bete-Creme bestreichen und das Rührei sowie die Avocadospalten daraufgeben. Mit Kresse bestreut servieren.

TIPP Mit vorgegarter Roter Bete (engl. beetroot) aus dem Supermarkt gelingt das Rezept besonders schnell. Alternativ frische Rote Bete mit Schale in einem Topf mit Salzwasser und etwas Essig für ca. 25 Minuten kochen, dann mit Einmalhandschuhen schälen. Der sekundäre Pflanzenstoff, der die Rote Bete so schön rot macht, heißt übrigens Betanin. Betanin hat einen positiven Effekt auf unseren Organismus, denn es schützt Zellen und Gefäße.

Clean Eating BANANA BREAD

Die New Yorker lieben ihr Banana Bread. Es ist so saftig und nahrhaft, dass man zum Frühstück eigentlich nichts anderes braucht. Bei der Clean-Eating-Variante kommen nur gute, möglichst wenig verarbeitete Produkte zum Einsatz.

ZUTATEN

Für 12 Scheiben

230 g Weizenmehl Type 1050 oder Dinkelmehl Type 1050
1 TL Natron
½ TL gemahlener Zimt
Meersalz
2 große oder 3 kleine reife Bananen
2 Eier *(Größe M)*
100 g flüssiger Honig oder Reissirup
80 g Olivenöl
70 g griechischer Joghurt
50 g Walnusskernhälften
75 g Rosinen
Butter zum Einfetten *(nach Belieben)*

1 Den Backofen auf 170 °C (Ober- und Unterhitze) vorheizen. Eine Kastenform (26 cm Länge) gut einfetten oder mit Backpapier auslegen. Mehl, Natron, Zimt und 1 Prise Salz vermischen. Die Bananen schälen, in Stücke schneiden und mit einer Gabel zerdrücken.

2 Eier, Honig, Olivenöl und Joghurt mit den Schneebesen des Handrührgerätes glatt verrühren. Bananenpüree und Mehlmischung dazugeben und unterrühren.

3 Die Walnüsse grob hacken und zusammen mit den Rosinen mit einem Spatel unter den Teig heben. Diesen in die vorbereitete Form füllen und im vorgeheizten Backofen etwa 50 Minuten backen (Stäbchenprobe). Herausnehmen und 10 Minuten abkühlen lassen. Dann stürzen und auf einem Rost auskühlen lassen.

Breakfast Bars
»HIGH PROTEIN«

VEGAN

Morgens vor dem Job noch schnell ins Fitnessstudio? Mit diesen Müsliriegeln gibt's alles, was Sie jetzt brauchen: gute Kohlenhydrate für die Energie und wertvolle Proteine für den Muskelaufbau.

ZUTATEN

Für 16 Riegel

40 g Kokosöl
100 g Pekannusskerne
250 g Soft-Datteln
4 EL pflanzlicher Drink nach Geschmack *(z. B. Mandeldrink)*
50 g Dinkelflocken
2 EL veganes Proteinpulver
1 geh. EL Raw-Kakaopulver
15 g gepuffter Amaranth
25 g getrocknete Goji-Beeren

1 Das Kokosöl in einem kleinen Topf schmelzen. 60 g Pekannüsse in der Küchenmaschine fein mahlen und beiseitestellen. Die Datteln mit dem pflanzlichen Drink in der Küchenmaschine pürieren. Gemahlene Pekannüsse, Dinkelflocken, Proteinpulver, Kakaopulver und Kokosöl hinzugeben und untermischen, dann den Amaranth unterheben.

2 Die restlichen Pekannüsse grob hacken und mit den Goji-Beeren mischen. Ein Drittel der Mischung unter die Masse heben. Eine Kastenform (26 cm Länge) mit Frischhaltefolie auskleiden. Die Masse hineingeben und mit einem Löffelrücken andrücken. Die restliche Nuss-Beeren-Mischung darauf verteilen und leicht hineindrücken. Mit Frischhaltefolie abdecken. Die Kastenform über Nacht in den Kühlschrank stellen.

3 Am nächsten Tag die Platte mithilfe der Frischhaltefolie aus der Form heben und quer in etwa 16 schmale Streifen schneiden.

TIPP Die Riegel halten sich im Kühlschrank 1–2 Wochen.

Soft Banana Spelt BREAKFAST COOKIES

Wer Weizen nicht verträgt, kommt mit Dinkel (spelt) oft besser zurecht, weil die Eiweißzusammensetzung anders ist. Dinkel liefert viele B-Vitamine (für die gestressten Großstadtnerven) und Zink (für ein starkes Immunsystem).

ZUTATEN

Für 10–12 Stück

200 g Dinkelmehl Type 1050
60 g Dinkelflocken
(alternativ kernige Haferflocken)
2 EL geschroteter Leinsamen
1 TL gemahlener Zimt
feines Meersalz
1 Banane
1 Ei *(Größe M)*
175 ml Milch oder pflanzlicher Drink
1 EL Honig
40 g Haselnusskerne
40 g getrocknete Cranberrys

1 Den Backofen auf 175 °C (Ober- und Unterhitze) vorheizen. Ein Backblech mit Backpapier belegen. Mehl, Dinkelflocken, Leinsamen, Zimt und Salz vermischen. Die Banane schälen, in Stücke schneiden und mit einer Gabel zerdrücken. Ei, Milch und Honig mit den Schneebesen des Handrührgerätes glatt verquirlen. Das Bananenpüree und die trockenen Zutaten dazugeben und unterrühren.

2 Die Haselnüsse grob hacken und mit den Cranberrys mischen. Die Hälfte der Haselnuss-Cranberry-Mischung unter den Teig heben. Mit einem Esslöffel 10–12 Portionen auf das Backblech setzen. Dann den restlichen Haselnuss-Cranberry-Mix darauf verteilen. Im vorgeheizten Backofen 12–15 Minuten backen. Herausnehmen und auskühlen lassen.

INFO In den New York umgebenden Bundesstaaten Massachusetts und New Jersey werden viele Cranberrys angebaut. Die roten Power-Beeren sind in den ganzen USA sehr beliebt, nicht nur als Sauce zum Thanksgiving-Truthahn, sondern auch beim Backen.

Awesome ORANGE WAFFLES

GLUTEN-FREI

Glutenunverträglichkeit und Jieper auf Waffeln? Kein Problem, diese glutenfreie Variante schmeckt delicious und orangenfrisch. Der wenige Zucker macht den reuelosen Genuss perfekt.

ZUTATEN

Für 12 Waffeln

FÜR DEN TEIG

1 unbehandelte Orange
60 g Butter
250 g glutenfreies Mehl
3 EL Roh-Rohrzucker
1 EL Backpulver
feines Meersalz
2 Eier *(Größe L)*
250 ml Milch
1 Msp. Vanilleextrakt

AUSSERDEM

Öl für das Waffeleisen
2 Orangen
150 g Naturjoghurt *(3,5 % Fett)*
1 EL Chiasamen

1 Ein Waffeleisen für zwei quadratische Waffeln (à 12 x 12 cm) vorheizen und dünn mit Öl ausstreichen. Für den Teig die Orange heiß waschen, trocken tupfen und die Schale fein abreiben. Die Orange halbieren und auspressen (sollte etwa 100 ml Saft ergeben; ggf. mit Wasser auffüllen). Die Butter in einem kleinen Topf schmelzen und etwas abkühlen lassen. Glutenfreies Mehl, Roh-Rohrzucker, Backpulver und Salz vermischen.

2 Eier, Milch, Vanilleextrakt, Orangensaft, Orangenschale und geschmolzene Butter mit den Schneebesen des Handrührgerätes verrühren. Portionsweise die trockenen Zutaten zugeben und unterrühren. Den Teig etwa 5 Minuten quellen lassen.

3 Je 2 EL Teig auf jede Fläche des Waffeleisens geben, dann schließen und in etwa 3 Minuten zwei goldgelbe Waffeln backen. Nacheinander insgesamt zwölf Waffeln backen.

4 Die zwei Orangen so schälen, dass die weiße Haut vollständig entfernt wird. Die Orangenfilets zwischen den Trennhäuten herausschneiden. Die Waffeln mit Joghurt und Orangenfilets anrichten. Mit Chiasamen bestreut servieren.

Tuna Sweet POTATO »TOAST«

GLUTEN-FREI

Ein Toast ganz ohne Brot. Das »Brot« besteht aus dünnen Süßkartoffelscheiben, die im Ofen gebacken werden, bis sie weich sind. Darauf kommt ein leckerer Tuna-Salat. Eine kreative und köstliche Low-Carb-Idee.

ZUTATEN

Für 4 Portionen

2 Süßkartoffeln *(à 400 g)*
2 EL Olivenöl
feines Meersalz
frisch gemahlener schwarzer Pfeffer
1 EL Sesamsamen
1 Ei *(Größe M)*
1 Dose Thunfischfilet im eigenen Saft *(185 g)*
2 Karotten
2 Avocados
1 EL Zitronensaft
2 EL Kizami-Nori *(geröstete Nori-Algen in Streifen; Asialaden)*

1 Den Backofen auf 200 °C (Ober-/Unterhitze) vorheizen.
Ein Backblech mit Backpapier belegen. Die Süßkartoffeln gründlich unter fließendem Wasser abbürsten, trocken reiben und längs in 1 cm dicke Scheiben schneiden. Diese auf das Backblech legen. Die Schnittflächen dünn mit dem Öl einstreichen und mit Salz und Pfeffer würzen. Im vorgeheizten Ofen etwa 20 Minuten backen, bis die Kartoffeln weich sind, und herausnehmen.

2 Die Sesamsamen in einer Pfanne ohne Fett leicht anrösten. Herausnehmen und abkühlen lassen. Das Ei in etwa 10 Minuten hart kochen, abschrecken und abkühlen lassen.
Dann pellen und würfeln. Den Thunfisch abtropfen lassen und klein zupfen. Die Karotten schälen, waschen und in feine Streifen schneiden. Die Avocados halbieren, entsteinen und aus der Schale heben. Das Fruchtfleisch mit dem Zitronensaft mit einer Gabel zerdrücken und auf den Süßkartoffelscheiben verteilen. Mit wenig Salz und Pfeffer bestreuen. Eiwürfel, Thunfisch, Karottenstreifen, Nori-Streifen und Sesamsamen darauf verteilen.

ARCHITECTURE
FLOATING HOMES, BUILT TO ADAPT
PAGE 9 | SPECIAL REPORT
In populism, a slowing of population
INTERNATIONAL EDITION
North Korea says it has destroyed

Whole Wheat DUTCH BABY

Ein Dutch Baby ist ein XXL-Pancake, der im Ofen gebacken wird und dabei herrlich aufgeht. Die New Yorker nennen ihn auch manchmal »German Pancake«. Na dann sollten wir ihn ja unbedingt auch mal machen.

ZUTATEN

Für 3–4 Portionen

FÜR DEN TEIG

2 EL Kokosöl
50 g Weizenmehl Type 1050
30 g Vollkorn-Weizenmehl
4 Eier *(Größe L)*
1 Prise feines Meersalz
100 ml Milch oder pflanzlicher Drink

FÜR DIE GESCHMOLZENEN PFIRSICHE

3 reife Pfirsiche *(alternativ Nektarinen)*
2 EL Kokosöl oder Butter
2 EL Kokosblütenzucker
2 EL Zitronensaft
1 Msp. Vanilleextrakt

ZUM ANRICHTEN

Mandelblättchen, geröstet *(nach Belieben)*

1 Den Backofen auf 220 °C (Ober- und Unterhitze) vorheizen. Das Kokosöl in einer ofenfesten Pfanne bei schwacher Temperatur schmelzen. Beide Mehlsorten sieben. Eier, Mehl, Salz und Milch in einer Schüssel mit den Schneebesen des Handrührgerätes zu einem glatten Teig verrühren. 1 EL geschmolzenes Kokosfett unter den Teig rühren. Verbliebenes Kokosöl mit einem Pinsel auch am Rand der Pfanne verstreichen. Dann den Teig in die Pfanne füllen. Im vorgeheizten Backofen 15–20 Minuten backen und herausnehmen.

2 In der Zwischenzeit die Pfirsiche waschen, halbieren, entsteinen und in Spalten schneiden. Das Fett in einer beschichteten Pfanne erhitzen und Pfirsichspalten, Kokosblütenzucker, Zitronensaft und Vanilleextrakt hineingeben. Unter gelegentlichem Rühren 3–5 Minuten dünsten, bis sich der Zucker gelöst hat und die Pfirsiche weich werden. Die Pfirsiche auf dem Pfannkuchen anrichten. Nach Wunsch mit gerösteten Mandelblättchen bestreuen.

TIPP Der Pfannkuchen wird während des Backens am Rand ordentlich hochgehen und beim Abkühlen wieder etwas zusammenfallen. Keine Sorge, das soll genauso sein.

Die Wohnzimmeratmosphäre macht sofort deutlich, dass man hier einen entspannten Vormittag verbringen wird.

FAIRFAX

Greenwich Village

Entweder zu Hause frühstücken oder im **Fairfax**. Die Wohnzimmeratmosphäre aus zusammengewürfelten Regalen, Stühlen, Tischen, Couchen und allen möglichen Accessoires macht sofort deutlich, dass man hier einen entspannten Vormittag verbringen wird. Das Lokal hat verschiedene Ecken, die alle anders eingerichtet sind und in denen man sich wie im eigenen kleinen Wohnzimmer fühlt. Individuell und liebevoll bis ins Detail. Auf der Karte werden auch Healthy-Breakfast-Fans fündig: Israeli Breakfast, Yogurt and Granola, Avocado Toast – so lecker kann Gesundes sein. Unter der Woche gibt's bis halb zwölf Frühstück, am Wochenende einen herrlichen Brunch. ▶ *fairfax.nyc*

*Man fühlt sich wirklich sofort herzlich willkommen – das »**Penelope**« ist ein Lokal zum Längerbleiben und Wiederkommen.*

PENELOPE CAFÉ

Kips Bay

»It is like a worn in welcome mat, your favorite flip flops and a hug when you are missing home« – das ist das selbsterklärte Motto des **Penelope Cafés** in Kips Bay, Manhattan. Und man fühlt sich wirklich herzlich willkommen, wenn man das schnuckelige Café betritt und vom freundlichen Personal begrüßt wird. Ein Lokal zum Längerbleiben und Wiederkommen. Wer schon morgens den Weg hierhin findet, dem sei das B.B.E.L.T. auf der Karte empfohlen, ein sättigendes Frühstück mit viel Speck, Spiegelei, Salat, Tomate, würziger Mayo und Fries. Am Wochenende lädt das Penelope zum entspannten Brunch bis 16 Uhr ein.
Nicht verpassen: das Monkey Bread mit süßer Zimtglasur – yummy! ▶ *penelopenyc.com*

SUPER-BOWLS

Swiss BIRCHER MUESLI

VEGAN

Nein, eine New Yorker Erfindung ist das Bircher Muesli nicht, aber definitiv eine der beliebtesten Frühstücks-Bowls in town. Ein Bircher ist wohltuend für Magen und Seele, bevor man sich ins hektische Getümmel stürzt.

ZUTATEN

Für 4 Portionen

FÜR DAS MÜSLI

200 g Haferflocken
(nach Geschmack zart oder kernig)
750 ml Haferdrink
2 Msp. Vanilleextrakt
100 g Sojajoghurt
2 säuerliche Äpfel
2 EL Kokosblütensirup

ZUM ANRICHTEN

frische Beeren
Schnitze von Steinobst
(z. B. Pfirsiche oder Nektarinen)
Walnusskerne

1 Haferflocken, Haferdrink und Vanilleextrakt in einer Schüssel mischen. Abgedeckt über Nacht im Kühlschrank oder an einem anderen kühlen Ort quellen lassen.

2 Sojajoghurt unterrühren. Äpfel waschen und fein reiben. Apfelraspel und Kokosblütensirup unterrühren. Birchermüsli in Schälchen füllen. Nach Wunsch mit frischen Beeren, Obstschnitzen und Walnusskernen anrichten.

TIPP Diese Variante des Mueslis ist vegan. Sie können statt Haferdrink aber auch Kuhmilch und statt Sojajoghurt Naturjoghurt verwenden. Statt Kokosblütensirup ist auch Honig möglich.

Eggy Vegetable PORRIDGE

Überraschung: Porridge goes pikant! In diesem Haferflockenbrei tummeln sich geriebene Zucchini, geriebene Karotten und rohe Eier. Eine tolle Abwechslung für Bowl-Fans, die zudem Power für den ganzen Tag gibt.

ZUTATEN

Für 4–6 Portionen

1 Zucchini
2 Karotten
200 g kernige Haferflocken
Meersalz
50 g Emmentaler
2 Eier *(Größe M)*
frisch gemahlener schwarzer Pfeffer

1 Zucchini und Karotten putzen, waschen und grob raspeln. Haferflocken, 1 l Wasser und ½ TL Salz in einem Topf unter Rühren aufkochen lassen. Das geraspelte Gemüse zugeben und den Porridge unter ständigem Rühren etwa 4 Minuten köcheln lassen.

2 Emmentaler reiben. Eier und geriebenen Käse zum Porridge geben und unter ständigem Rühren 2–3 Minuten weiterköcheln lassen. Mit Salz und Pfeffer abschmecken.

Signature OLIVE OIL GRANOLA

Die Banane verhält sich in diesem Ofenmüsli geschmacklich eher unaufdringlich, sorgt aber für den unnachahmlichen Crunch beim Essen. Bei den Nüssen und Kernen können Sie nach Ihrem Gusto variieren.

ZUTATEN

Für etwa 10 Portionen

150 g Sonnenblumenkerne
100 g Haferkerne
100 g Kürbiskerne
100 g goldener Leinsamen
75 g Kokosraspel
75 g Mandelkerne mit Haut
1 TL Meersalz
1 Banane
3 EL Olivenöl
1 EL Ahornsirup
100 g goldene Sultaninen
(nach Belieben)

1 Backofen auf 200 °C (Ober- und Unterhitze) vorheizen. Ein Backblech mit Backpapier auslegen. Sonnenblumenkerne, Haferkerne, Kürbiskerne, Leinsamen, Kokosraspel, Mandelkerne und Salz in einer Schüssel mischen.

2 Die Banane schälen und mit einer Gabel musig zerdrücken. Mit Öl und Ahornsirup verrühren. Bananenmischung zu den trockenen Zutaten geben und mit den Händen unterkneten. Die Masse sollte körnig und etwas feucht sein. Masse auf dem vorbereiteten Blech verteilen und im vorgeheizten Backofen 10–15 Minuten backen. Nach etwa 7 Minuten Backzeit einmal umrühren. Die letzten Minuten die Granola im Auge behalten, sie sollte goldbraun werden, aber nicht verbrennen. Herausnehmen und bei Zimmertemperatur abkühlen lassen. Nach Wunsch die Sultaninen untermengen.

TIPP Schmeckt super mit Joghurt oder Dickmilch. Zur Aufbewahrung in luftdicht verschließbare Dosen füllen.

Tasty
QUINOLA

GLUTEN-FREI

Eine Granola-Variante ganz ohne Haferflocken. Stattdessen mit gepuffter Quinoa. Die eiweißreichen Quinoasamen aus Südamerika sind tolle Energiespender und liefern Omega-3-Fettsäuren sowie viele Mineralstoffe.

ZUTATEN

Für etwa 10 Portionen

3–4 EL Kokosöl *(50 g)*
2 Msp. Vanilleextrakt
½ TL gemahlener Zimt
75 g gepuffte Quinoa
150 g Sonnenblumenkerne
50 g Pistazienkerne
50 g Pinienkerne

1 Backofen auf 200 °C (Ober- und Unterhitze) vorheizen. Ein Backblech mit Backpapier auslegen. Kokosöl in einem kleinen Topf bei geringer Temperatur schmelzen. Vanilleextrakt und Zimt unterrühren. Gepuffte Quinoa, Sonnenblumenkerne, Pistazienkerne und Pinienkerne in einer Schüssel mischen. Kokosölmischung zugeben und mit den Händen unterkneten.

2 Masse gleichmäßig auf dem vorbereiteten Blech verteilen und im vorgeheizten Backofen 9–10 Minuten backen. Nach etwa 6 Minuten Backzeit einmal umrühren. Die letzten Minuten die Quinola im Auge behalten, sie sollte goldbraun werden, aber nicht verbrennen. Herausnehmen und bei Zimmertemperatur abkühlen lassen. Quinola zum Beispiel mit Fruchtjoghurt anrichten. Zur Aufbewahrung in luftdicht verschließbare Dosen füllen.

Happiness
is a cup of coffee
and a
good book

Sorghum PORRIDGE

VEGAN

Klassisch wird Porridge aus Haferflocken gemacht, es funktioniert aber auch bestens mit Hirse *(engl. sorghum)*. Hirse ist glutenfrei und liefert viel Silizium. Das Spurenelement stärkt das Bindegewebe, kräftigt Haare und Nägel.

ZUTATEN

Für 4 Portionen

1 l Kokosdrink
200 g Hirseflocken
4 EL Raw-Kakaopulver
4 EL Kokoschips
2 Bananen
2 EL Sonnenblumenöl
2 EL Agavendicksaft
4 EL gepuffter Amaranth

1 Kokosdrink, Hirseflocken und Kakao in einem Topf unter Rühren aufkochen und 1–2 Minuten köcheln lassen. Herdplatte ausschalten und Hirseflocken quellen lassen, dabei hin und wieder umrühren.

2 Die Kokoschips in einer heißen Pfanne ohne Fett goldgelb rösten und herausnehmen. Die Bananen schälen. Das Öl in der Pfanne erhitzen und die Bananen etwa 1 Minute rundherum anbraten. Agavendicksaft darüberträufeln und leicht karamellisieren lassen. Anschließend die Banane in Scheiben schneiden.

3 Den Porridge umrühren und in vier Schälchen füllen. Kokoschips, Bananenscheiben und gepufften Amaranth darauf anrichten. Warm servieren.

Blackberry Açai SMOOTHIE BOWL

VEGAN

Smoothies kann man nicht nur trinken, sondern auch hervorragend löffeln, wenn die Konsistenz etwas dicker ist. In dieser Version treffen sich diverse Superfoods wie Açai, Brombeeren und Chiasamen zum Stelldichein.

ZUTATEN

Für 4 Portionen

FÜR DIE BOWL

100 g vorgegarte Dinkelkörner *(siehe Tipp)*
1 unbehandelte Zitrone
2 Bananen
250 g Brombeeren *(TK)*
600 g Naturjoghurt *(3,5 % Fett)*
1 TL Açaipulver *(aus dem Reformhaus)*

ZUM ANRICHTEN

75 g Pekannüsse
4 EL Chiasamen
4 EL Kokosraspel
frische Brombeeren, verlesen und gewaschen

1 Die Dinkelkörner in ein Sieb geben und mit heißem Wasser abbrausen. Mit 200 ml Wasser aufkochen und zugedeckt 20–25 Minuten köcheln lassen, bis der Dinkel weich ist. Anschließend abtropfen und abkühlen lassen.

2 Inzwischen die Zitrone heiß abwaschen und die Schale in Zesten abreißen. Die Zitrone halbieren und den Saft auspressen. Die Bananen schälen und in Stücke schneiden. Gefrorene Brombeeren, Joghurt, Açaipulver, Zitronensaft und Bananenstücke in der Küchenmaschine glatt pürieren.

3 Dinkelkörner in vier Schälchen füllen. Fruchtmus darübergeben. Pekannüsse grob hacken und zusammen mit den Chiasamen, Kokosraspeln und frischen Brombeeren in Streifen auf der Smoothie-Bowl anrichten. Mit Zitronenzesten bestreut servieren.

TIPP

Die vorgegarten Dinkelkörner sind unter den Namen »Dinkel wie Reis«, »Zart-Dinkel« oder »Koch-Dinkel« im Handel erhältlich. Dafür werden die Dinkelkörner vom Hersteller bereits gedämpft, dadurch sind sie daheim schnell gegart. Da jedes Produkt anders ist, bitte Packungsanweisung beachten. Kein Dinkel im Haus? Quinoa und Weizenkeime sind leckere Alternativen

Chai OVERNIGHT OATS

VEGAN

Während Sie schlummern, dürfen Sie schon mal von diesen Overnight Oats träumen, die sich über Nacht wie von selbst machen. Die Ausrede, morgens keine Zeit zur Zubereitung eines Frühstück zu haben, fällt also schon mal flach.

ZUTATEN

Für 4 Portionen

FÜR DIE GEWÜRZMISCHUNG

1 walnussgroßes Stück Ingwer
½ unbehandelte Zitrone
4 Kardamomkapseln
1 Zimtstange *(z. B. Ceylon-Zimt)*
2–3 Gewürznelken
1–2 Sternanis

FÜR DIE OVERNIGHT OATS

750 ml Mandeldrink
1 Pck. Bourbon-Vanillezucker
1 geh. EL Raw-Kakaopulver
12 Soft-Aprikosen
125 g zarte Haferflocken
75 g Mandelkerne mit Haut

ZUM ANRICHTEN

frische Früchte der Saison

1 Für die Gewürzmischung den Ingwer schälen und in dünne Scheiben schneiden. Die Zitrone heiß abwaschen und die Schale mit einem Sparschäler dünn abschälen. Die Kardamomkapseln und die Zimtstange in einem Mörser grob zerstoßen. Nelken, Sternanis, Ingwer, Zitronenschale, Kardamom und Zimt in einem Tee-Ei mischen.

2 Für die Overnight Oats den Mandeldrink in einem Topf zum Sieden bringen. Herd ausschalten. Vanillezucker und Kakaopulver unterrühren. Nun das Tee-Ei einhängen und 10–15 Minuten ziehen lassen, anschließend wieder entfernen.

3 Nun die Soft-Aprikosen in Stücke schneiden und mit den Haferflocken auf vier Schälchen verteilen. Chai-Mandeldrink darübergießen und umrühren. Anschließend die Schälchen mit Frischhaltefolie abdecken und die Haferflocken über Nacht im Kühlschrank oder an einem anderen kühlen Ort quellen lassen.

4 Am nächsten Morgen erneut umrühren. Mandeln grob hacken und über die Overnight Oats streuen. Mit frischen Früchten anrichten.

TIPP Wenn's noch unkomplizierter sein soll, verwenden Sie statt den einzelnen Gewürze einfach drei Chai-Teebeutel.

NY
CHAI OVERNIGHT
OATS

Chia Seed PUDDING

GLUTEN-FREI

Die kleinen unscheinbaren schwarzen Chiasamen sind immer wieder magisch. Wie sie aus einer milchigen Flüssigkeit über Nacht einen dicken Pudding kreieren, grenzt an Zauberei. Und supergesund sind sie auch noch.

ZUTATEN

Für 4 Portionen

250 ml Kokosmilch
100 g Chiasamen
500 g Himbeeren *(TK)*
5 EL flüssiger Honig

ZUM ANRICHTEN
25 g Butter
50 g Mandelblättchen
gemischte Beeren

1 Die Kokosmilch mit 250 ml Wasser in einer Schüssel glatt verrühren, dann die Chiasamen unterrühren. Die entstandene Masse auf vier Glasschälchen verteilen. Die Chiasamen abgedeckt im Kühlschrank über Nacht oder an einem anderen kühlen Ort quellen lassen.

2 Die Himbeeren auftauen lassen und anschließend in ein hohes Gefäß füllen. Den Honig hinzufügen und mit dem Stabmixer fein pürieren. Nach Wunsch durch ein feines Sieb streichen, um die Kernchen zu entfernen. Himbeersauce über den Chiapudding geben.

3 Die Butter bei mittlerer Temperatur in einer Pfanne schmelzen. Mandelblättchen hinzufügen und unter Wenden goldbraun rösten. Auf der Himbeersauce verteilen. Gemischte Beeren verlesen, waschen und abtropfen lassen. Auf dem Chiapudding anrichten.

TIPP Lust auf Variation? Aromatisieren Sie den Chiapudding mal mit einigen Tropfen Rosen- oder Orangenwasser (aus der Apotheke oder Drogerie).

Sweet Persian WHEAT SALAD

VEGAN

Klar schmeckt auch ein Salat zum Frühstück. Bei diesem aromatischen Weizensalat *(engl. wheat salad)* kommt der kulinarische Levante-Trend, der in der New Yorker Frühstücksszene Einzug gehalten hat, voll zum Tragen.

ZUTATEN

Für 4 Portionen

FÜR DEN SALAT
200 g Zartweizen *(z. B. Ebly®)*
400 ml Orangensaft
2 große Orangen
1 Granatapfel

FÜR DIE VINAIGRETTE
50 ml Orangensaft
2 EL flüssiger Honig
4 EL kalt gepresstes Rapsöl
Meersalz
frisch gemahlener weißer Pfeffer *(nach Belieben)*

AUSSERDEM
200 g Naturjoghurt *(3,5 % Fett)*
Mohnsamen

1 Für den Salat den Zartweizen im Orangensaft in einem Topf aufkochen und etwa 10 Minuten bei niedriger Temperatur köcheln lassen, bis die Flüssigkeit aufgesogen ist. Zwischendurch gelegentlich umrühren. Topf vom Herd nehmen.

2 Die Orangen so schälen, dass die weiße Haut vollständig entfernt wird, und das Fruchtfleisch in mundgerechte Stücke schneiden. Den Granatapfel mit Druck über eine Arbeitsfläche rollen – so lassen sich die Kerne leichter herausholen. Den Granatapfel halbieren und die Kerne mit einer Gabel lösen. Alternativ die Granatapfelhälften über eine Schüssel halten und mit einem Holzlöffel auf die Schale klopfen, die Kerne sollten dann in die Schüssel fallen.

3 Für die Vinaigrette Orangensaft, Honig und Rapsöl verquirlen. Mit etwas Salz und nach Geschmack mit weißem Pfeffer abschmecken. Zartweizen, Orangenstücke und Vinaigrette mischen und den Salat in Schüsselchen anrichten und die Granatapfelkerne darauf verteilen.

4 Zum Fertigstellen den Joghurt glatt rühren und als Klecks auf den Salat geben. Mit Mohn bestreut servieren.

Breakfast KALE BOWL

GLUTEN-FREI

Grünkohl ist nach wie vor eines der Trendgemüse in NY und überall, wo man Superfoods liebt. Und siehe da: Die ostfriesische Palme kann auch Frühstück. In Kombination mit anderen Power-Zutaten wird daraus eine echte Superbowl.

ZUTATEN

Für 4 Portionen

FÜR DIE BOWL

1 große Süßkartoffel
2 EL Olivenöl
½ TL Ras el Hanout
feines Meersalz
125 g Quinoa
¼ Wassermelone mit wenigen Kernen
150 g möglichst kleine Grünkohlblätter
250 g Hüttenkäse

FÜR DAS DRESSING

1 walnussgroßes Stück Ingwer
200 g Naturjoghurt *(3,5 % Fett)*
4 EL Mandelmus
2 EL Zitronensaft
1 EL Olivenöl
feines Meersalz
frisch gemahlener schwarzer Pfeffer

1 Den Backofen auf 225 °C (Ober- und Unterhitze) vorheizen. Ein Backblech mit Backpapier auslegen. Die Süßkartoffel schälen und in grobe Würfel schneiden. Mit 1 EL Öl, Ras el Hanout und etwas Salz mischen. Süßkartoffelwürfel auf dem vorbereiteten Backblech verteilen und im vorgeheizten Backofen 20–25 Minuten backen.

2 Inzwischen die Quinoa nach Packungsanweisung zubereiten. Die Wassermelone schälen und in kleine Schnitze schneiden. Die Grünkohlblätter gründlich waschen und gut abtropfen lassen. Blätter etwas kleiner schneiden, evtl. festere Blattrippen entfernen. Das restliche Öl in einer Pfanne erhitzen und die Kohlblätter bei mittlerer Temperatur etwa 5 Minuten braten, bis sie weich sind. Mit wenig Salz bestreuen.

3 Für das Dressing den Ingwer schälen und fein hacken. Ingwer, Joghurt, Mandelmus, Zitronensaft, Olivenöl und 50 ml Wasser in ein hohes Gefäß geben und mit dem Stabmixer fein pürieren. Mit Salz und Pfeffer abschmecken.

4 Quinoa, Süßkartoffel, Grünkohl, Wassermelone und Hüttenkäse in vier Schälchen anrichten. Mit dem Dressing beträufelt servieren.

Tonkotsu RAMEN BOWL

Ramen-Bars sind in New York sehr populär. Und auch als Frühstück schmeckt die traditionelle japanische Suppe prima. Basis- und Würzbrühe am besten schon am Vortag zubereiten, morgens nur noch Gemüse, Eier und Nudeln hinzufügen.

ZUTATEN

Für 4 Portionen

FÜR DIE BASISBRÜHE

500 g Schweinebauch *(mit Schwarte, ohne Knochen)*
6 Hühnerflügel
1 Bund Suppengrün
1 Zwiebel
100 g Ingwer
2 EL Sesamöl
10 g getrocknete Kombu-Algen *(aus dem Asialaden)*

FÜR DIE WÜRZBRÜHE

100 ml Sojasauce
10 g Bonitoflocken *(Thunfischflocken; aus dem Asialaden)*

AUSSERDEM

4 Eier
1 Bund Frühlingszwiebeln
2 Karotten
200 g gemischte Pilze *(z. B. Shiitake, Enokitake und Austernpilze)*
Salz für das Nudelwasser
200 g Ramennudeln
Daikonkresse

1 Für die Basisbrühe Schweinebauch und Hähnchenflügel kalt abwaschen und trocken tupfen. Das Suppengrün putzen, waschen und in grobe Stücke schneiden. Die Zwiebel mit Schale halbieren und den Ingwer ebenfalls mit Schale in Scheiben schneiden. In einem großen Topf das Öl erhitzen und den Schweinebauch rundum scharf anbraten. Hähnchenflügel, Suppengrün, Zwiebel und Ingwer hinzugeben und ebenfalls anbraten. Mit 2 l Wasser ablöschen, aufkochen und etwa 2 Stunden köcheln lassen. Für die letzten 20 Minuten die Algen zugeben. Das Fleisch aus der Brühe nehmen und diese durch ein feines Sieb gießen.

2 Für die Würzbrühe 500 ml Wasser mit der Sojasauce aufkochen. Bonitoflocken zugeben und 20 Minuten sanft köcheln lassen. Vom Herd nehmen. Den Schweinebauch hineinlegen und etwa 1 Stunde darin ziehen lassen.

3 Zum Fertigstellen die Eier in 6–7 Minuten wachsweich kochen. Frühlingszwiebeln waschen und in Ringe schneiden, Karotten schälen, waschen und in Juliennestreifen schneiden. Pilze putzen, evtl. kleiner schneiden. Reichlich Salzwasser für die Nudeln zum Kochen bringen und die Nudeln nach Packungsanweisung darin kochen.

4 Das Fleisch in dünne Scheiben schneiden. Basisbrühe und Würzbrühe in einem großen Topf mischen und aufkochen. Fleisch, Gemüse und Pilze auf vier Schälchen verteilen und heiße Brühe darübergießen. Eier halbieren und darauf anrichten. Mit Kresse bestreut servieren.

Spicy Corned BEEF HASH

GLUTEN-FREI

Ein Hash ist eine bunte Pfanne mit knusprig gebratenen Kartoffelstückchen, Gemüse und Fleisch. Irische Einwanderer brachten das Gericht mit über den großen Teich nach New York. Perfekt für alle, die's morgens schon deftig mögen.

ZUTATEN

Für 4 Portionen

500 g Kartoffeln
2 rote Paprikaschoten
1 Stange Lauch
250 g Champignons
300 g Corned Beef *(aus der Dose oder am Stück vom Metzger)*
etwa 4 EL Butterschmalz
½ TL edelsüßes Paprikapulver
¼ TL rosenscharfes Paprikapulver
Meersalz
frisch gemahlener schwarzer Pfeffer

1 Die Kartoffeln schälen, waschen und in etwa 2 cm große Würfel schneiden. Die Paprika putzen, waschen und in Stücke schneiden. Den Lauch ebenfalls putzen, waschen und in dünne Ringe schneiden. Die Pilze putzen und in Scheiben schneiden und das Fleisch in etwa 2 cm große Würfel schneiden.

2 Das Butterschmalz in einer großen Pfanne erhitzen. Darin die Kartoffeln unter Wenden 20–25 Minuten bei mittlerer Temperatur knusprig braten. Paprika, Lauch, Pilze und Fleisch zufügen und weitere 5–10 Minuten braten. Hash mit Paprikapulver, Salz und Pfeffer würzig abschmecken und in Schälchen anrichten.

TIPP Wer's noch ein bisschen reichhaltiger mag, kann das Hash noch in der Pfanne mit einigen Scheiben Cheddar belegen und diesen 1 Minute schmelzen lassen. Viele New Yorker essen ihr Corned Beef Hash auch gerne mit einem Spiegelei, entweder »sunny-side up« oder »over easy«.

Das kleine japanische Lokal bietet Ramen Soups an, die auch schon zum Frühstück schmecken und sehr bekömmlich sind.

OKONOMI

Williamsburg

Alle Fans von traditionell japanischer Küche fühlen sich hier wie im Paradies. Das kleine japanische Lokal in Williamsburg, Brooklyn, bietet großartige Ramen Soups an, die auch schon zum Frühstück schmecken und sehr bekömmlich und magenschmeichelnd sind. Zu Recht besonders beliebt sind die Seafood-basierten Ramen Soups, die mit frischem Fisch und saisonalem Gemüse angereichert werden. Daneben gibt es auch Mazemen, das sind Ramen-Varianten ohne Brühe. Ideal für alle, die nicht so viel Suppe essen möchten, sondern sich lieber auf die Einlagen konzentrieren. Die Mazemen mit Bacon und Eggs ist ein guter Einstieg für alle, für die japanisches Frühstück Neuland ist. ▶ *okonomibk.com*

OPEN

Japan ist zwar nicht für seine Brot-Kultur bekannt, aber in New York ist ja bekanntlich alles möglich.

PANYA BAKERY

East Village

Japanische Bäckerei klingt zunächst ungewohnt, da Japan nicht für seine Brot-Kultur bekannt ist. Aber in New York ist bekanntlich alles möglich und so verwundert es nicht, dass der kleine Laden schon seit 1993 erfolgreich läuft. Die mit Spicy Tuna oder Schweinebauch in Pflaumensauce gefüllten Brötchen (engl. *buns*) sind der Hit im Auf-die-Hand-Verkauf. Auf der Spicy-Tuna-Variante befindet sich noch ein Blatt Nori-Alge. Eine super Kombi! Wer in house isst, kann auch ein Japanese Breakfast mit Fisch, Reis, Misosuppe und Algen genießen. Sehr süß: das Logo der **Panya Bakery**: ein pausbäckiger kleiner Bäcker mit Kochmütze im Manga-Style, der über der Eingangstür und auf den Kaffeebechern prangt. ▶ *panyany.com*

PAN YA
PANYA
VILLAGE

MY PRIVATE

COFFEESHOP

All American DOUGHNUTS

Nicht nur Homer Simpson aus der Zeichentrickserie »Die Simpsons« ist verrückt nach Doughnuts. Auch Sie werden auf den Geschmack kommen. Vor allem, wenn die Gebäckkringel so gut sind, wie diese hier.

ZUTATEN

Für 10–12 Stück

FÜR DAS GRUNDREZEPT

320 ml Milch, lauwarm erhitzt
1 Pck. Trockenhefe
75 g Roh-Rohrzucker
550 g Weizenmehl Type 550 plus mehr zum Arbeiten
½ TL feines Meersalz
80 g weiche Butter
1,5 l Öl oder Fett zum Frittieren

FÜR STRAWBERRY DOUGHNUTS WITH CONFETTI SPRINKLES

250 g Puderzucker
150 g Erdbeersirup
1 Prise feines Meersalz
Zucker-Konfetti zum Bestreuen

FÜR DULCE DE LECHE ALMOND DOUGHNUTS

1 Dose gezuckerte Kondensmilch *(400 g)*
50 g Mandelblättchen, geröstet

1 In die Milch Hefe und 1 TL Zucker streuen und beiseitestellen. Restliche Zutaten (bis auf Öl) in eine Schüssel geben. Hefemischung hinzugeben und mit den Knethaken des Handrührgerätes in 3–4 Minuten zu einem glatten Teig verkneten. Mit einem feuchten Küchentuch abgedeckt an einem warmen Ort etwa 1 Stunde gehen lassen.

2 Den Teig auf der bemehlten Arbeitsfläche durchkneten und etwa 12 mm dick ausrollen. Mit zwei runden Ausstechern (etwa 9 cm und 2,5 cm ø) 10–12 Ringe ausstechen. Doughnuts auf zwei Bögen Backpapier setzen und mit feuchten Küchentüchern bedeckt weitere 45 Minuten gehen lassen.

3 Das Öl oder Fett in einem großen Topf auf 175 °C erhitzen. Wenn sich um den Stiel eines Holzkochlöffels Bläschen bilden, ist die Temperatur erreicht. Die Doughnuts portionsweise im heißen Fett in 1½–2 Minuten von jeder Seite goldbraun frittieren. Auf Küchenpapier abtropfen lassen.

4 Für Strawberry Doughnuts Puderzucker, Sirup und Salz glatt verrühren. Die Doughnuts damit bestreichen und mit Zucker-Konfetti bestreuen.

5 Für Dulce de Leche Doughnuts die Kondensmilchdose in einem Topf mit Wasser etwa 1½ Stunden kochen (Achtung: Sie muss die gesamte Zeit von Wasser bedeckt sein, sonst kann sie explodieren!). Herausnehmen und abkühlen lassen. Karamellisierte Kondensmilch in einen Spritzbeutel mit Berliner Tülle geben und in die noch warmen Doughnuts spritzen. Mit dem Rest bestreichen und mit Mandelblättchen bestreuen.

Dark Chocolate EXPLOSION COOKIES

When a cookie meets a brownie. Ja, ja, der New Yorker mixt gerne bekannte Lieblinge zu neuen Kreationen. Diese Schoko-Cookies sind außen knusprig wie ein Keks und innen chewy wie ein Brownie. We like!

ZUTATEN

Für etwa 15 Cookies

125 g Zartbitterschokolade
200 g Weizenmehl Type 405
25 g ungesüßtes Kakaopulver
½ TL Natron
1 Prise feines Meersalz
60 g weiche Butter
125 g Roh-Rohrzucker
2 Eier *(Größe M)*
75 g Zartbitter-Chocolate-Chunks
etwa 4 EL Puderzucker

1 Den Backofen auf 180 °C (Ober- und Unterhitze) vorheizen. Ein Backblech mit Backpapier auslegen. Zartbitter-Schokolade grob hacken und über einem heißen Wasserbad schmelzen. Herausnehmen und etwas abkühlen lassen.

2 Mehl, Kakao, Natron und Salz mischen. Butter und Rohrzucker in eine Schüssel geben und mit den Schneebesen des Handrührgerätes verrühren, bis sich der Zucker aufgelöst hat. Zuerst die geschmolzene Schokolade, dann die Eier einzeln unterrühren. Im Anschluss die trockenen Zutaten löffelweise unterrühren. Zum Schluss die Chocolate Chunks mit einem Spatel unterziehen.

3 Den Puderzucker in eine kleine Schüssel geben und auch die Hände damit bestauben. Aus dem Teig portionsweise etwa 15 Kugeln (5–6 cm ø) formen. Kugeln etwas flach drücken, im Puderzucker wälzen und auf das vorbereitete Backblech setzen. Im vorgeheizten Backofen 9–11 Minuten backen. Die Cookies sollen am Rand fest sein, in der Mitte noch etwas weich. Herausnehmen und auf dem Blech 10–15 Minuten abkühlen lassen. Dann auf einem Rost auskühlen lassen.

Puffed RICE BARS

Wer Puffreis bisher nur in Form von staubtrockenen Reiswaffeln kannte, sollte mal einen Blick auf diese ultra-schokoladig-erdnussigen Power-Riegel werfen. So gut kann Puffreis schmecken!

ZUTATEN

Für 15 Stück

50 g geröstete, gesalzene Erdnüsse
300 g Zartbitter-Kuvertüre
100 g cremige Erdnussbutter
30 g Butter
1 Prise feines Meersalz
300 g Marshmallows *(oder 1 Portion selbst gemachte Marshmallows, siehe unten)*
120 g gepuffter Reis oder Vollkornreis *(aus dem Reformhaus; alternativ gepuffter Dinkel)*
Fett für die Form

1 Eine quadratische Backform (20 x 20 cm) inklusive Rand sehr gut fetten oder mit Frischhaltefolie auslegen. Erdnüsse grob hacken. Kuvertüre ebenfalls grob hacken und über einem heißen Wasserbad unter Rühren schmelzen. Erdnussbutter, Butter, Salz und Marshmallows in einen Topf geben und bei mittlerer Temperatur unter Rühren schmelzen. Gepufften Reis mit einem Kochlöffel unterrühren.

2 Die Hälfte der Masse in die Backform drücken. Das geht am besten mit einem geölten Löffelrücken. Zwei Drittel der geschmolzenen Schokolade darüber verteilen. Restliche Reismasse daraufgeben und vorsichtig andrücken. Mit der restlichen Schokolade besprenkeln und mit den gehackten Erdnüssen bestreuen. Fest werden lassen und mit einem spitzen Messer vom Rand lösen, herausnehmen und in kleine Riegel oder Würfel schneiden.

TIPP

Für selbst gemachte Marshmallows eine Form (20 x 20 cm) mit Öl einstreichen und mit Puderzucker-Stärke-Mix ausstauben. 2 Päckchen gemahlene Gelatine und 150 ml Wasser in einem Topf mischen, 2 Minuten quellen lassen, dann unter Rühren aufkochen. 250 g Puderzucker in eine Schüssel geben, heiße Gelatine unter Rühren zugießen und 5 Minuten aufschlagen und in die vorbereitete Form füllen. Mit einem geölten Löffelrücken glatt streichen. 1 Stunde bei Raumtemperatur trocknen lassen. Dann auf eine mit Puderzucker-Stärke-Mix bestaubte Arbeitsfläche legen und mit einem geölten Messer würfeln.

Double Crust
APPLE PIE

Obwohl der Apple Pie ursprünglich aus England stammt, haben die Amerikaner ihn quasi adoptiert und lieben ihn heiß und innig. Es gibt sogar einen National Apple Pie Day, den 13. Mai. Er schmeckt aber auch an allen anderen Tagen des Jahres

ZUTATEN

Für etwa 12 Stücke

FÜR DEN TEIG

200 g Butter plus mehr für die Form
100 g Butterschmalz
400 g Weizenmehl Type 405 plus mehr zum Arbeiten
2 EL Zucker
2 Prisen feines Meersalz

FÜR DIE FÜLLUNG

5–6 säuerliche Äpfel *(1–1,2 kg)*
125 ml Ahornsirup
1 TL gemahlener Zimt
Saft von 1 Zitrone
3 EL Weizenmehl Type 405
5 EL gemahlene Mandelkerne

AUSSERDEM

1 Eigelb zum Bestreichen
1–2 EL Rohrzucker zum Bestreuen
Puderzucker zum Bestauben

1 Für den Teig Butter und Butterschmalz klein würfeln und 20–30 Minuten einfrieren. Mehl, Zucker und Salz mischen. Butter und Butterschmalz dazugeben und mit den Fingern krümelig verreiben. 125 ml eiskaltes Wasser zugeben und kurz zu einem glatten Teig verkneten. Diesen zu einer Kugel formen, flach drücken und in Frischhaltefolie gewickelt etwa 2 Stunden kalt stellen.

2 Den Backofen auf 200 °C (Ober- und Unterhitze) vorheizen. Eine Tarteform (28 cm ø) fetten und mit Mehl bestauben. Äpfel schälen, vierteln und entkernen. Apfelviertel in dünne Scheiben schneiden. Ahornsirup, Zimt, Zitronensaft, Mehl und 3 EL gemahlene Mandeln in einer großen Schüssel verrühren. Apfelscheiben vorsichtig unterziehen.

3 Etwas mehr als die Hälfte des Teiges auf einer bemehlten Arbeitsfläche rund ausrollen (32 cm ø). In die vorbereitete Form legen und am Rand andrücken. Boden mit den restlichen gemahlenen Mandeln bestreuen. Apfelmischung darauf verteilen.

4 Restlichen Teig ebenfalls rund ausrollen (29 cm ø). Mit einem kleinen Ausstecher sechs Kreise ausstechen. Teigplatte auf die Äpfel legen, am Rand etwas andrücken. Nach Belieben die ausgestochenen Kreise auf dem Deckel verteilen. Mit Eigelb bestreichen und mit Zucker bestreuen. Im vorgeheizten Backofen etwa 45 Minuten backen. Nach 25 Minuten mit Alufolie abdecken. Herausnehmen, abkühlen lassen und mit Puderzucker bestaubt servieren.

Cappuccino Chocolate **CHIP MUFFINS**

Die Cappuccino Chocolate Chip Muffins gehören zu den beliebtesten Sorten in Carrie Bradshaws Stamm-Café, der Magnolia Bakery. Warum? Einfach mal backen, reinbeißen und dann wissen Sie es.

ZUTATEN

Für 12 Muffins

115 g Butter
300 Weizenmehl Type 405
100 g Zucker
50 g Rohrzucker
2 TL Backpulver
½ TL gemahlener Zimt
1 Prise feines Meersalz
3 EL Cappuccinopulver *(instant)*
200 ml Milch
1 Ei *(Größe M)*
100 g Zartbitter-Kuvertüre-Drops oder Zartbitter-Chocolate-Chunks

1 Den Backofen auf 180 °C (Ober- und Unterhitze) vorheizen. Ein 12er-Muffinblech mit Papierförmchen auslegen. Die Butter in einem kleinen Topf schmelzen. Mehl, Zucker, Rohrzucker, Backpulver, Zimt und Salz mischen. Cappuccinopulver in der geschmolzenen Butter auflösen. Butter-Kaffee-Mischung, Milch und Ei zu den trockenen Zutaten geben und mit den Schneebesen des Handrührgerätes verrühren. Kuvertüre- Drops mit einem Spatel unterziehen.

2 Teig auf die vorbereiteten Muffinförmchen verteilen und im vorgeheizten Backofen 18–20 Minuten backen (Stäbchenprobe). Herausnehmen, 5 Minuten abkühlen lassen, dann die Papierförmchen aus dem Blech nehmen und Muffins komplett auskühlen lassen.

TIPP Je nachdem, wie groß die verwendeten Muffin-Förmchen sind, reicht die Teigmenge auch für 15 Muffins. Papierförmchen nicht zu voll füllen, damit beim Backen nichts überquillt.

Coffee is a hug in a mug

Classic BIAŁYS

VEGAN

Der Schwippschwager des Bagels, der Biały, hat in der Mitte kein Loch, sondern eine Mulde. Und er wird auch nur gebacken, nicht vorher pochiert. Seinen Namen verdankt er übrigens der polnischen Stadt Białystok.

ZUTATEN

Für 6 Stück

FÜR DEN TEIG

400 g Weizenmehl Type 550 plus mehr zum Arbeiten
1½ EL Trockenhefe
feines Meersalz
1 EL Olivenöl

FÜR DIE FÜLLUNG

1 große Zwiebel
1 EL Olivenöl
1 TL Zucker
1 TL Mohnsamen
feines Meersalz
frisch gemahlener schwarzer Pfeffer

1 Ein Backblech mit Backpapier auslegen. Mehl, Trockenhefe und 1 TL Salz in einer Schüssel mischen. 250 ml lauwarmes Wasser und Öl zufügen und mit den Knethaken des Handrührgerätes oder in der Küchenmaschine in etwa 5 Minuten zu einem geschmeidigen Teig kneten. Die Schüssel mit Frischhaltefolie abdecken und etwa 1½ Stunden an einem warmen Ort gehen lassen.

2 Teig nochmals durchkneten und in sechs gleich große Portionen teilen. Auf einer leicht bemehlten Arbeitsfläche zu runden Brötchen formen. Flach drücken, auf das vorbereitete Backblech legen, mit Mehl bestauben und mit Frischhaltefolie abgedeckt mindestens 1 weitere Stunde gehen lassen.

3 Für die Füllung die Zwiebel schälen und fein würfeln. Öl in einer Pfanne erhitzen und die Zwiebel darin anschwitzen. Den Zucker zugeben und leicht karamellisieren lassen. Mohn zugeben und mit Salz und Pfeffer abschmecken.

4 Den Backofen auf 225 °C (Ober- und Unterhitze) vorheizen. Mit beiden Daumen eine Vertiefung in die Mitte der Białys drücken. Der Teig sollte hier schön dünn werden. Die Zwiebelmischung hineingeben und im vorgeheizten Backofen 10–12 Minuten backen. Herausnehmen und lauwarm oder kalt genießen. Dazu passt Frischkäse.

Sweet BASIL CRONUTS

Wer schon mal einen Cronut in Dominique Ansels Bakery in New York probiert hat, knobelt, wie dieser Hybrid aus Croissant und Donut wohl gemacht wird. So knusprig, saftig und rich schmeckt er. Dieser kommt verdammt nah ans Original ran.

ZUTATEN

Für 8 Stück

FÜR DEN TEIG
1 Pck. Trockenhefe
200 ml Milch, lauwarm erhitzt
60 g feinster Zucker
2 Eier *(Größe M)*
2 Prisen feines Meersalz
525 g Weizenmehl Type 405 plus mehr zum Arbeiten
250 g weiche Butter

FÜR DEN BASILIKUM-PUDERZUCKER
200 g Zucker
10 frische Basilikumblätter

ZUM FRITTIEREN
etwa 1,5 kg Fett

1 Die Hefe in der Milch auflösen. Zucker, Eier und Salz unterrühren. Dann 500 g Mehl mit den Knethaken des Handrührgeräts unterkneten. Den leicht klebrigen Teig in Frischhaltefolie gewickelt etwa 30 Minuten kalt stellen.

2 Die Butter und das restliche Mehl cremig rühren, einige Minuten in den Kühlschrank stellen. Den Teig auf der bemehlten Arbeitsfläche rechteckig (45 x 32 cm) ausrollen und die Butter daraufstreichen, dabei zu allen Seiten einen kleinen Rand frei lassen. Zweimal von den kurzen Seiten aus zur Mitte hin falten. Erneut in Folie gewickelt 30 Minuten kalt stellen. Teig insgesamt viermal auf diese Größe ausrollen, jeweils wie oben beschrieben falten und kalt stellen. Dann in Folie gewickelt über Nacht kalt stellen.

3 Anschließend den Teig auf der bemehlten Arbeitsfläche etwa 2 cm dick ausrollen. Mit einem Ausstecher acht Kreise (7,5 cm ø) ausstechen. Mit einem kleinen Ausstecher (3 cm ø) in der Mitte jeweils ein Loch ausstechen. Kringel mit Frischhaltefolie abgedeckt 20–30 Minuten bei Zimmertemperatur ruhen lassen.

4 Für den Basilikum-Puderzucker die Hälfte des Zuckers mit dem Basilikum im Hochleistungsmixer zermahlen. Restlichen Zucker zugeben und nochmals fein mahlen.

5 Fett zum Frittieren in einem großen Topf erhitzen (175 °C; Holzlöffelprobe siehe S. 142). Teigkringel darin portionsweise in 1½–2 Minuten pro Seite goldgelb frittieren. Auf Küchenpapier abtropfen lassen. Noch warm im Basilikum-Puderzucker wälzen.

TIPP Restlicher Basilikum-Puderzucker passt zu Erdbeereis, Pancakes und Waffeln.

Macadamia HONEY BLONDIES

Blondies sind das helle Pendant zu den Brownies, jenen supersaftigen Kuchenstückchen, denen niemand widerstehen kann. Für den perfekten »Schmatz« sorgt die weiße Schokolade und für den Crunch kommen Macadamianüsse hinzu.

ZUTATEN

Für 25 Stück

FÜR DAS MACADAMIA-KARAMELL

75 g geröstete, gesalzene Macadamiakerne
1 EL flüssiger Honig
1 EL brauner Zucker

FÜR DEN TEIG

150 g weiße Schokolade
125 g Butter plus mehr für die Form
3 EL flüssiger Honig
125 g Weizenmehl Type 405
1 TL Backpulver
1 Prise feines Meersalz
4 Eier *(Größe M)*
50 g Zucker
50 g weiße Kuvertüre-Drops oder weiße Chocolate Chunks

ZUM BESTAUBEN

2 EL Puderzucker

1 Den Backofen auf 180 °C (Ober- und Unterhitze) vorheizen. Eine quadratische Springform (24 x 24 cm) mit Backpapier auslegen. Den Rand mit fetten. Macadamiakerne grob hacken. Honig und braunen Zucker in einer Pfanne erhitzen. Nüsse darin 1–2 Minuten hell karamellisieren. Dann das Macadamia-Karamell auf Backpapier ausbreiten und abkühlen lassen.

2 Für den Teig die weiße Schokolade grob hacken und zusammen mit Butter und Honig in einem Topf bei geringer Temperatur schmelzen. Abkühlen lassen, dabei hin und wieder umrühren. Inzwischen Mehl, Backpulver und Salz mischen. Eier und Zucker in eine Schüssel geben und mit den Schneebesen des Handrührgerätes schaumig schlagen. Abgekühlte Schoko-Butter-Masse und 2–3 EL Mehlmischung abwechselnd zugeben und unterrühren. Dann nach und nach die restliche Mehlmischung unterrühren.

3 Macadamia-Karamell nach Belieben etwas kleiner brechen oder hacken und zusammen mit den Kuvertüre-Drops mit einem Spatel unter den Teig ziehen. Teig in die vorbereitete Form füllen und im vorgeheizten Backofen etwa 25 Minuten backen. Herausnehmen und abkühlen lassen. In Stücke schneiden und mit Puderzucker bestaubt servieren.

ANNA

RED VELVET CUPCAKES
with Cream Cheese Frosting

Der Red-Velvet-Kuchen betört mit seiner leuchtend roten Farbe. Dem stehen die kleinen Küchlein in Nichts nach. Sie sind so gut, dass sie gleich unter die Haube kommen; und zwar unter die Frischkäse-Haube.

ZUTATEN

Für 10–12 Stück

FÜR DEN TEIG

150 ml Öl
150 g Zucker
1 Ei *(Größe M)*
rote Lebensmittelfarbe *(etwa als Paste)*
175 g Weizenmehl Type 405
1 EL ungesüßtes Kakaopulver
1 Prise feines Meersalz
100 g Buttermilch
1 TL Natron
1 TL Weißweinessig

FÜR DAS FROSTING

70 g Puderzucker
100 g weiche Butter
400 g Doppelrahm-Frischkäse
einige Tropfen Bittermandelaroma

1 Den Backofen auf 175 °C (Ober- und Unterhitze) vorheizen. Ein 12er-Muffinblech mit Papierförmchen auslegen. Öl und Zucker mit den Schneebesen des Handrührgerätes 2–3 Minuten verquirlen. Ei und etwas Lebensmittelfarbe zugeben und unterrühren. Mehl, Kakao und Salz mischen. Mehl-Kakao-Mischung und Buttermilch abwechselnd unter den Teig rühren.

2 Natron und Essig mischen und in den Teig rühren. Teig in die vorbereiteten Muffinförmchen füllen, die Muffinförmchen sollten gut halb voll sein. Im vorgeheizten Backofen 15–20 Minuten backen. Herausnehmen und auskühlen lassen.

3 Für das Frosting den Puderzucker fein sieben. Butter zugeben und mit den Schneebesen des Handrührgerätes in etwa 5 Minuten cremig rühren. Frischkäse unterrühren und weitere 5 Minuten aufschlagen. Mit Bittermandelaroma abschmecken.

4 Frosting in einen Spritzbeutel füllen, die Spitze abschneiden und Tuffs auf die Muffins setzen.

Y
N

The one and only
NY CHEESECAKE

Kein New-York-Kochbuch ohne einen NY-Cheesecake. Wobei, Rezepte gibt es viele. Aber so gut wie dieser hier, sind wenige. Sein Trick: Das Backen im Wasserdampf. So reißt er wenig und gelingt herrlich cremig.

ZUTATEN

Für etwa 16 Stücke

FÜR DEN BODEN

180 g Butterkekse
90 g Butter plus mehr für die Form
1 Prise gemahlener Zimt
1 Prise feines Meersalz

FÜR DIE KÄSECREME

1250 g Doppelrahm-Frischkäse
325 g Zucker
1 TL Vanilleextrakt
70 g Weizenmehl Type 405
250 g saure Sahne
5 Eier *(Größe M)*

1 Eine Springform (26 cm ø) fetten. Die Kekse fein zerbröseln. Die Butter schmelzen und mit den Butterkeksbröseln, Zimt und Salz vermengen. In die vorbereitete Springform geben und mit der Handfläche auch am Rand gut andrücken. 15–20 Minuten kalt stellen. In der Zwischenzeit den Backofen auf 180 °C (Ober- und Unterhitze) vorheizen. Den Boden 15 Minuten vorbacken, herausnehmen und auskühlen lassen.

2 Für die Käsecreme den Frischkäse in eine große Schüssel geben und mit den Schneebesen des Handrührgerätes in 2–3 Minuten cremig rühren. Zucker, Vanilleextrakt und Mehl mischen. Frischkäse mit dem Handrührgerät weiterrühren, dabei die Zucker-Mehl-Mischung nach und nach einrieseln lassen. Saure Sahne unterheben. Zum Schluss die Eier nach und nach unterrühren.

3 Frischkäsecreme auf dem Boden verteilen. Eine ofenfeste Schale oder Auflaufform mit kochendem Wasser füllen und auf den Boden des Backofens stellen. Die Springform auf einem Rost auf der zweiten Schiene von unten in den Ofen schieben und 1¼ Stunden backen. 30 Minuten vor Ende der Backzeit die Temperatur auf 160 °C reduzieren. Beim vorsichtigen Wackeln an der Form darf die Masse noch ein wenig wackeln. Ofen ausschalten und den Kuchen bei halboffener Tür 1 Stunde ruhen lassen. Herausnehmen und auf einem Rost auskühlen lassen. Danach mindestens 4 Stunden (am besten über Nacht) kühl stellen.

SARABETH'S

Midtown

Wer sich ein Frühstück in Grand-Hotel-Atmosphäre gönnen möchte, wird im **Sarabeth's** am Central Park voll auf seine Kosten kommen. Mit den grandiosen Eggs Benedict oder dem Fat & Fluffy French Toast bekommt jeder Tag ein Sunday-Morning-Feeling. Stilvoll serviert von den freundlichen Kellnern, die picobello mit weißen Oberhemden und Schürzen gekleidet sind. Die Sitzbänke und Stühle sind so weich und flauschig gepolstert, dass man tief einsinkt und nie wieder aufstehen möchte. Wenn das Wetter gut ist, kann man auch draußen sitzen und seinen Cold pressed Orange Juice mit Blick auf den Central Park genießen. Ein Frühstück vom ganz großen Löffel! ▶ *sarabethsrestaurants.com*

Die Sitzbänke und Stühle sind so weich und flauschig gepolstert, dass man tief einsinkt und nie wieder aufstehen möchte.

THE CUPPING ROOM CAFE
RESTAURANT · BAR
ZAZEN·BEAR

In den urigen Räumlichkeiten des über 100 Jahre alten Gebäudes schmecken die typisch amerikanischen Spezialitäten besonders gut.

CUPPING ROOM CAFÉ

SoHo

Das kleine Cupping Room Café ist schon seit 1977 eine Institution in SoHo. Man versteht sich hier auf die große Kaffeekunst, röstet selbst, stellt immer wieder neue Mischungen zusammen und verkostet diese, bis sie perfekt und für die Gäste gerade gut genug sind. Diesen Prozess nennt man übrigens cupping und daher auch der Name des Cafés. Der hohe Qualitätsanspruch zahlt sich aus; es gibt viele eingefleischte Stammgäste aus der Nachbarschaft. In den urig-gemütlichen Räumlichkeiten des über 100 Jahre alten Gebäudes schmecken die typisch amerikanischen Spezialitäten von Waffeln über French Toast bis zu Bagels auch wirklich besonders gut. ▶ cuppingroomcafe.com

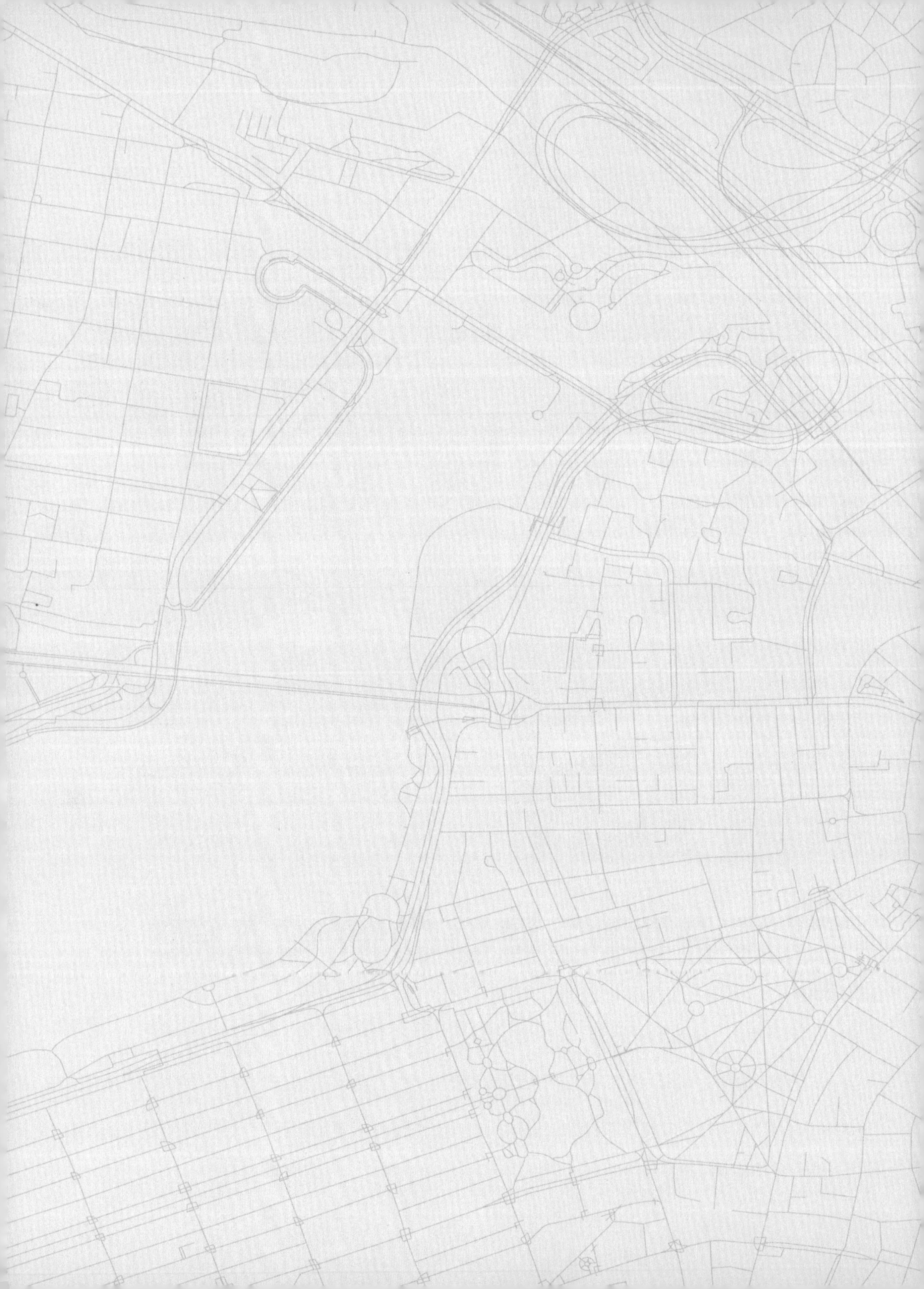

AMAZING DRINKS

We love SMOOTHIES

Ein Smoothie reicht manchmal als Frühstück schon aus, vor allem, wenn so gute Zutaten drin sind wie hier. Beide Smoothies sind nicht pappsüß, sondern liefern alle Nährstoffe für einen gesunden Start in den Tag.

ZUTATEN

Für jeweils 2 große Gläser

FÜR DEN LIQUID ENERGY SMOOTHIE

30 g Babyspinat
1 kleine Avocado *(etwa 110 g Fruchtfleisch)*
1 Mango *(etwa 250 g Fruchtfleisch)*
200 ml Sojamilch
1 Spritzer Zitronensaft
1 EL Agavendicksaft

FÜR DEN PROTEIN POWER SMOOTHIE

2 Bananen
300 g Naturjoghurt *(3,5 % Fett)*
300 ml Milch
2 EL Mandelmus
Kakaonibs und Vollkorn-Puffreis *(nach Belieben)*

LIQUID ENERGY SMOOTHIE

1 Für den Liquid Energy Smoothie den Spinat verlesen, abbrausen und abtropfen lassen. Die Avocado halbieren, entkernen und aus der Schale heben. Die Mango schälen und vom Stein schneiden. Fruchtfleisch grob würfeln.

2 Spinat, Avocado, Mango, Sojadrink, Zitronensaft, Agavendicksaft und 100 ml Wasser in einen Standmixer oder in die Küchenmaschine geben und fein pürieren. Smoothie in zwei Gläser füllen.

PROTEIN POWER SMOOTHIE

1 Für den Protein Power Smoothie die Bananen schälen und in grobe Stücke brechen. Bananen, Joghurt, Milch und Mandelmus in einen Standmixer oder in die Küchenmaschine geben und fein pürieren.

2 Den Smoothie in zwei Gläser füllen und nach Belieben mit Kakaonibs und Vollkorn-Puffreis bestreuen.

Absolute CHOCOLATE HEAVEN

Willkommen im Schokohimmel! Denn Schokolade geht immer, immer, immer! Für heiße Tage ist der Choco Coco Milkshake eine kühle Verführung, an kalten New Yorker Abenden wärmt eine Hot Chocolate Herz und Hände.

ZUTATEN

Für jeweils 2 große Gläser

FÜR DEN CHOCO COCO MILKSHAKE

1 reife Banane
250 ml Kokosmilch
2 EL Raw-Kakaopulver
1 Msp. Vanilleextrakt
2 EL flüssiger Honig
½ TL gemahlener Zimt

FÜR DIE HOT CHOCOLATE WITH MARSHMALLOWS

100 ml gesüßte Kondensmilch
3 EL Raw-Kakaopulver
100 ml Milch
1 Prise feines Meersalz
Marshmallows
(Rezept siehe Seite 146)

CHOCO COCO MILKSHAKE

1 Für den Milkshake die Banane schälen und in Scheiben schneiden. Die Scheiben nebeneinander auf einen Teller legen und 30–45 Minuten einfrieren.

2 Angefrorene Bananenstücke, Kokosmilch, 350 ml Wasser, Kakao, Vanilleextrakt, Honig und Zimt in einen Standmixer oder eine Küchenmaschine geben und zu einem sämig-dicken Milkshake pürieren. Diesen in zwei Gläser füllen.

CHOCOLATE WITH MARSHMALLOWS

1 Für die Hot Chocolate 3 EL Kondensmilch und Kakaopulver klümpchenfrei anrühren. Die restliche Kondensmilch mit der Milch und 300 ml Wasser unter Rühren in einem Topf zum Kochen bringen. Angerührtes Kakaopulver und Salz einrühren.

2 Hot Chocolate in zwei Tassen füllen, Marshmallows hineingeben und heiß servieren.

Life is too short for bad coffee

Ball
MASON

Some LIKE IT HOT!

In Sachen Heißgetränke haben die New Yorker längst das nächste Level erreicht. Statt Café Latte gibt's Matcha Latte und der klassische Minztee erfährt ein erfrischendes Upgrade mit Zitronenverbene.

ZUTATEN

Für 2 und 3 Tassen

FÜR DIE MATCHA LATTE

3 TL Matcha-Pulver plus mehr zum Bestauben
400 ml Milch oder Pflanzenmilch *(z. B. Sojamilch)*
1 EL Agavendicksaft

FÜR DIE LEMON VERBENA AND MINT TISANE

1 Bund Zitronenverbene
1 Bund Nanaminze
Zucker oder Honig zum Süßen *(nach Belieben)*

MATCHA LATTE

1 Für die Matcha Latte 60 ml Wasser aufkochen und etwa 1 Minute abkühlen lassen. Dann zum Matcha-Pulver in ein Schälchen geben. Etwa mit einem Milchaufschäumer glatt verrühren und den Agavendicksaft unterrühren.

2 Milch oder Pflanzenmilch in einem Topf unter Rühren erhitzen. Wenn die Milch dampft, vom Herd nehmen und mit einem Schneebesen kräftig rühren, bis ein schöner fester Schaum entsteht. Alternativ den Milchaufschäumer, einen Stabmixer oder einen elektrischen Milchaufschäumer verwenden. Etwas Milch zur Matcha-Mischung geben und glatt rühren. Dann diese Mischung zur restlichen Milch in den Topf geben und verrühren.

3 Matcha Latte in zwei Tassen füllen. Nach Wunsch Cappuccino-Schablonen über die Tassen halten und mit Matcha-Pulver bestauben, sodass ein Motiv entsteht.

LEMON VERBENA AND MINT TISANE

1 Für die Lemon Verbena and Mint Tisane die Zitronenverbene und Minze waschen. Drei Stängel Zitronenverbene beiseitelegen. Die restliche Verbene und die Minze in eine Teekanne geben. 750 ml Wasser aufkochen und in die Teekanne gießen. Etwa 5 Minuten ziehen lassen.

2 Den Tee durch ein feines Sieb gießen und nach Wunsch mit Zucker oder Honig süßen. Beiseite gelegte Kräuter in drei Tassen legen und den Tee angießen.

Two BIG SHOTS

VEGAN

Klein, aber oho! In diesen Gläschen steckt volle Pflanzenpower. Ingwer und Kurkuma kurbeln den Stoffwechsel an und schenken der Haut den nicht nur in New York begehrten Glow. Ganz groß!

ZUTATEN

Für 10 und 8 Shots

FÜR DIE BIG APPLE GINGER SHOTS

100 g Ingwer
2 grünschalige Äpfel
Saft von 3 Zitronen
50 ml Agavendicksaft

FÜR DIE HEALTHY GLOW CURCUMA SHOTS

½ Mango
30 g frische Kurkuma
Saft von 1 Limette
Saft von 3 Orangen

BIG APPLE GINGER SHOTS

1 Für die Big Apple Ginger Shots den Ingwer schälen und in grobe Stücke schneiden. Die Äpfel waschen, vierteln, entkernen und ebenfalls in grobe Stücke schneiden.

2 Anschließend Zitronensaft, Ingwer, Äpfel, Agavendicksaft und 200 ml Wasser in einen Hochleistungsmixer geben und fein pürieren. Weitere 200 ml Wasser zufügen und mixen. Drink durch ein sauberes Küchentuch oder Safttuch passieren, in zehn kleine Shot-Gläser füllen und sofort servieren.

HEALTHY GLOW CURCUMA SHOTS

1 Für die Healthy Glow Curcuma Shots die Mango schälen und das Fruchtfleisch vom Stein schneiden. Die Kurkumaschale vorsichtig mit der Spitze eines Teelöffels abkratzen und die Kurkuma klein schneiden.

2 Mango, Kurkuma und Limettensaft in einen schmalen, hohen Becher geben und mit dem Stabmixer fein pürieren. Nach und nach den Orangensaft untermixen. Drink in acht kleine Shot-Gläser füllen und sofort servieren.

TIPP Beim Schälen der Kurkuma am besten Einmal-Handschuhe tragen, da die Knöllchen stark färben. Daher auch einen Stabmixer aus Edelstahl verwenden und keinen aus weißem Plastik.

CHEERS!

Beim ausgedehnten Wochenendfrühstück darf auch mal angestoßen werden. Mit etwas Prickelndem natürlich. Unkompliziert und doch edgy – das macht einen perfekten New Yorker Drink aus.

ZUTATEN

Für jeweils 4 Gläser

FÜR DEN BELLINI
3 reife Weinbergpfirsiche
etwas Rohrzuckersirup zum Süßen *(nach Geschmack)*
400 ml eisgekühlter Sekt, Prosecco oder Champagner
4 dünne Pfirsichschnitze zum Anrichten

FÜR DIE BLOOD ORANGE MIMOSA
2 Blutorangen *(alternativ Navel-Orangen)*
400 ml eisgekühlter Sekt, Prosecco oder Champagner

BELLINI

1 Für den Bellini die Haut der Weinbergpfirsiche über Kreuz einritzen, mit heißem Wasser überbrühen und mit einem Messer abziehen. Früchte halbieren und entsteinen. Das Fruchtfleisch um den Stein herum entfernen, da es oft bitter schmeckt. Das restliche Fruchtfleisch mit dem Stabmixer glatt pürieren. Je nach Süße des Pfirsichpürees mit etwas Rohrzuckersirup nachsüßen.

2 Das Pfirsichpüree auf vier Sektgläser verteilen, die Hälfte des Schaumweins angießen und mit einem Löffel vorsichtig umrühren. Dann mit restlichem Schaumwein auffüllen und eventuell nochmals umrühren. An den Rand des Glases jeweils einen Pfirsichschnitz stecken und servieren.

BLOOD ORANGE MIMOSA

1 Für die Blood Orange Mimosa die Orangen heiß abwaschen, halbieren und den Saft auspressen. Orangensaft auf vier Sektgläser verteilen. Mit eisgekühltem Schaumwein auffüllen und servieren.

TIPP Es darf ein bisschen mehr »knallen«? Dann noch 2 cl Wodka mit dem Orangensaft mischen und auf die Gläser verteilen. Wie beschrieben mit Schaumwein auffüllen.

VESELKA
144
СМАЧНОГО
VESELKA
EST. 1954

*»**Veselka**« heißt auf ukrainisch übrigens Regenbogen. Und bekanntlich soll man diesem ja folgen, um einen Topf voll Gold zu finden.*

VESELKA

East Village

Das **Veselka** ist ein ukrainisches Lokal im East Village und der place to be für alle, die osteuropäische Köstlichkeiten lieben – und die sich noch verlieben wollen. Zum Frühstück schmecken gefüllte Pierogi oder Blintzes, nach einer durchtanzten Nacht im Club kann der Rote-Bete-Eintopf Borschtsch geradezu lebensrettend sein. Zum Glück hat das Veselka rund um die Uhr 24/7 geöffnet. Für alle Süßschnäbel warten in der Kuchenvitrine knusprige Pies und saftige Carrot Cakes. **Veselka** heißt auf ukrainisch übrigens Regenbogen. Und bekanntlich soll man diesem ja folgen, um einen Topf voll Gold oder Glück zu finden. Kulinarisch macht das Veselka auf jeden Fall happy. ▶ *veselka.com*

Wie wäre es zum Start in den Tag mit Moroccan Eggs? Die Levante-Küche ist derzeit einer der angesagtesten Food-Trends im Big Apple.

CAFÉ MOGADOR

East Village

Marokkanisch inspirierte Küche at its best gibt's in dem im East Village gelegenen **Café Mogador**. Ein paar appetitmachende Stichworte gefällig? Wie wäre es zum Start in den Tag mit Moroccan Eggs, Halloumi Eggs oder Middle Eastern Breakfast mit Hummus, Taboulé, arabischem Salat und selbst gebackenem Pitabrot? Klingt so lecker, wie es schmeckt. Zudem ist die Levante-Küche derzeit einer der angesagtesten Food-Trends im Big Apple. Wer bei gutem Wetter ein bisschen Sonne tanken will, setzt sich an einen der vielen kleinen Bistrotische vor dem Café und genießt seine Tajine hier. Mehr Urlaubsfeeling geht eigentlich nicht! ▶ *cafemogador.com*

Cafe Mogador
NO SMOKING
caviar
SANITARY INSPECTION GRADE
NYC
VISA

REGISTER

REGISTER NACH KAPITEL, MIT DEUTSCHER ÜBERSETZUNG

Super Bowls

My private Coffee Shop

Amazing Drinks

DANK

NEW YORK IST IMMER EINE REISE WERT.
UND EINE KULINARISCHE REISE GANZ BESONDERS.

Ich bin sehr dankbar, dass ich meine New Yorker Frühstückserfahrungen in diesem schönen Buch zusammentragen durfte. Die Schlemmereien im Big Apple haben sich definitiv gelohnt und ich freue mich, wenn Ihnen meine gesammelten und weiterentwickelten New Yorker Rezepte ebenso gut schmecken wie mir.

Vielen Dank auch an meine New Yorker Lieblingscafés, dass wir sie im Buch portraitieren durften.

Ein herzliches Dankeschön auch an meine Familie, Freunde und insbesondere meinen Mann Georg für die Unterstützung, Geduld und Begeisterung, für Rat und Tat und stete Inspiration. Und natürlich für euren großen Appetit auf **New Yorker Breakfasts**.

Ihr habt maßgeblichen Anteil an diesem gelungenen Buch.

Mein spezieller Dank gilt auch der Grafikerin Kathi Rogg für das kreative und wunderschöne Layout. Es ist ein Vergnügen, mit dir zusammenzuarbeiten. Ganz lieben Dank auch an Sonya Mayer und Viktoria Szeibel vom Christian Verlag, die dieses Projekt geleitet haben.

Ebenso natürlich an die Fotografin Maria Brinkop für die wunderbaren Rezeptfotos und an Franziska Sorgenfrei für die stimmungsvollen New-York-Pics und das Lektorat.

VITA

Isabell Heßmann ist Diplom-Ökotrophologin der renommierten Justus-Liebig-Universität Gießen und hat viele Jahre bei großen deutschen und österreichischen Verlagshäusern als Chefredakteurin von Koch-Magazinen gearbeitet. Heute ist sie freie Food-Journalistin und Kochbuchautorin.

Ihre Begeisterung für gute Lebensmittel und abwechslungsreiche Ernährung führt sie immer wieder zu neuen Ansätzen, denen sie sich mit Leidenschaft widmet. Isabell Heßmann ist begeistert von New York und liebt es, lange und ausgiebig zu frühstücken.

Was lag also näher, als ein Buch über New York Breakfast zu schreiben.

IMPRESSUM

Produktmanagement: Viktoria Szeibel
Fotografie: Maria Brinkop
Umschlaggestaltung, Layout und Satz: Kathi Rogg
Redaktion: Franziska Sorgenfrei
Korrektorat: Sabine Thorn
Repro: LUDWIG:media
Herstellung: Anna Katavic
Printed in Germany by Appl aprinta

★★★★★

Sind Sie mit diesem Titel zufrieden? Dann würden wir uns über Ihre Weiterempfehlung freuen. Erzählen Sie es im Freundeskreis, berichten Sie Ihrem Buchhändler oder bewerten Sie bei Onlinekauf. Und wenn Sie Kritik, Korrekturen, Aktualisierungen haben, freuen wir uns über Ihre Nachricht an: Christian Verlag, Postfach 40 02 09, D-80702 München oder per E-Mail an lektorat@verlagshaus.de

Unser komplettes Programm finden Sie unter:

www.christian-verlag.de

Die Deutsche Nationalbibliothek verzeichnet diese Publikation in der Deutschen Nationalbibliografie; detaillierte bibliografische Daten sind im Internet über http://dnb.d-nb.de abrufbar.

ISBN 978-3-95961-248-7

BILDNACHWEIS

Alle Fotografien stammen von Maria Brinkop außer: Coverabbildung: shutterstock.com/Kristi Blokhin; S. 4 oben links: shutterstock.com/GagliardiImages; S. 4 oben rechts: shutterstock.com/Sadonina Vogue; S. 4 Mitte: shutterstock.com/cocozero; S. 4 unten links: shutterstock.com/Nick Starichenko; S. 4 unten rechts: shutterstock.com/Jon Chica; S. 6: shutterstock.com/littlenySTOCK; S. 7, 190: © Jochen Rolfes Photographer; S. 8/9, 24/25, 50/51, 80/81, 108/109, 140/141, 168/169 (Hintergrund): shutterstock.com/Naeblys; S. 9, 25, 51, 81, 109, 141, 169 (Freiheitsstatue): shutterstock.com/BlackAkaliko; S. 9, 25, 51, 81, 109, 141, 169 (Skyline): shutterstock.com/Yevgenij__D; S. 10/11: shutterstock.com/Alinute Silzeviviute; S. 12: shutterstock.com/Oleksandr Zamurulev; S. 13 links: shutterstock.com/baibaz; S. 13 rechts: shutterstock.com/Ekaterina Kondratova; S. 14/15 (Kaffeebohnen oben): shutterstock.com/S-F; S: 14 (Glas): shutterstock.com/Elena Veselova ; S. 15 oben (Barista): shutterstock.com/ little star; S. 15 unten (Kaffeebohnen): shutterstock.com/Anucha Tiemsom; S. 16 oben: shutterstock.com/Svetography; S. 16 unten: shutterstock.com/Chrispictures; S. 17: shutterstock.com/Sanchai Kumar; S. 18, 19: © Mikey Pozarik; S. 20/21: shutterstock.com/Marcio Jose Bastos Silva; S. 22 links oben und unten: © Mark Weinberg; S. 22 rechts, 23, 44, 45, 48, 76, 77, 78, 79, 134, 135, 138, 139, 162, 163, 166, 180, 181 links und unten rechts, 184 links und unten rechts, 185: © Franziska Sorgenfrei; S. 34: shutterstock.com/Igor Sh; S. 46/47: shutterstock.com/Songquan Deng; S. 48, 49: © Michael Grimm; S. 54: shutterstock.com/S. Borisov;S. 76 links und rechts unten: © Jonathan Bumble; S. 92: shutterstock.com/T photography; S. 95: shutterstock.com/photo.ua; S. 102, 103: © Eric Medsker Photography; S. 104/105: shutterstock.com/IM_photo; S. 106, 107: © Panda Jive, Inc./PenelopeNYC; S. 112: shutterstock.com/Victor Moussa; S. 118: shutterstock.com/cia78; S. 136/137: shutterstock.com/Anastasios71; S. 162: shutterstock. com/Agatha Kadar; S. 164/165: shutterstock.com/mervas; S. 167: © Cupping Room Cafe; S: 181 oben rechts: © Veselka; S. 182/183: shutterstock.com/cia78; S. 184: shutterstock.com/Ryan DeBerardinis; Buchrücken: shutterstock.com/littleny STOCK (Skyline); shutterstock.com/Curioso (Freiheitsstatue); Illustrationen Vor- und Nachsatz: shutterstock.com/Antikwar (Skyline); shutterstock.com/Naeblys (Karte); shutterstock.com/BlackAkaliko (Freiheitsstatue)

Ebenfalls erhältlich ...

ISBN 978-3-86244-382-6

ISBN 978-3-95961-014-8

ISBN 978-3-95961-123-7

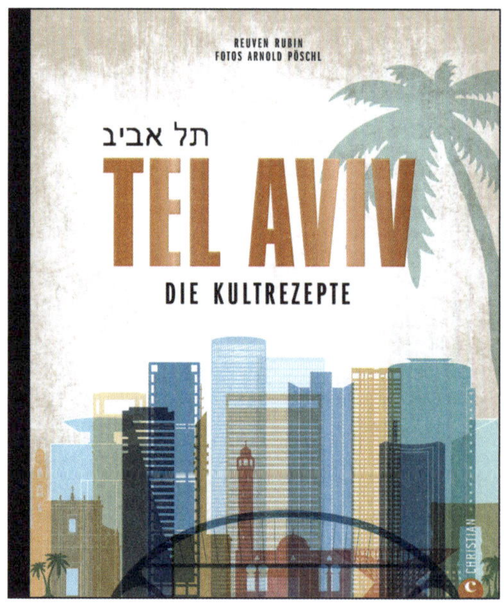

ISBN 978-3-95961-254-8